中国旅游发展年度报告书系
Annual Development Report of China's Tourism

中国国内旅游发展年度报告 2018

ANNUAL REPORT OF CHINA DOMESTIC TOURISM DEVELOPMENT 2018

中国旅游研究院

北京·旅游教育出版社

责任编辑：陈　志

图书在版编目（CIP）数据

中国国内旅游发展年度报告. 2018 / 中国旅游研究院著. -- 北京：旅游教育出版社，2018.7
ISBN 978-7-5637-3793-2

Ⅰ．①中… Ⅱ．①中… Ⅲ．①国内旅游－旅游业发展－研究报告－中国－2018 Ⅳ．①F592.3

中国版本图书馆CIP数据核字(2018)第166163号

中国国内旅游发展年度报告 2018

中国旅游研究院　著

出版单位	旅游教育出版社
地　　址	北京市朝阳区定福庄南里1号
邮　　编	100024
发行电话	（010）65778403　65728372　65767462（传真）
本社网址	www.tepcb.com
E - mail	tepfx@163.com
排版单位	北京旅教文化传播有限公司
印刷单位	北京中科印刷有限公司
经销单位	新华书店
开　　本	787毫米×1092毫米　1/16
印　　张	8.75
字　　数	112千字
版　　次	2018年7月第1版
印　　次	2018年7月第1次印刷
定　　价	55.00元

（图书如有装订差错请与发行部联系）

《中国国内旅游发展年度报告 2018》编委会

主任委员

戴　斌

编　委（按姓氏音序排序）

戴　斌　何琼峰　蒋依依　李仲广　马仪亮
宋子千　唐晓云　吴丰林　吴　普　杨宏浩

《中国国内旅游发展年度报告 2018》编写组

主　编

郭　娜　中国旅游研究院区域旅游发展与规划研究所助理研究员　博士

执行主编

张佑印　中国旅游研究院区域旅游发展与规划研究所副研究员　博士

编辑部成员（按姓氏音序排序）

车晓旭　黄　璜　李　雪　马　娇　吴丰林
郑静静　张佑印

前 言

2017年国内旅游市场高速增长，入出境市场平稳发展，供给侧结构性改革成效明显，厕所革命和全域旅游逐渐成为社会发展共识，旅游服务质量稳中有升，区域旅游均衡化趋势逐步显现。2017年"515战略完美收官"，"十三五"时期旅游业发展走出了关键一步。我国人均出游已达3.7次，旅游成为衡量现代生活水平的重要指标，成为人民幸福生活的刚需。旅游业列"五大幸福产业"之首。每年近50亿人次的旅游市场，成为传承中华文化、弘扬社会主义核心价值观、提升国民素质、促进社会进步的重要载体。

一、国内旅游市场呈现持续向好态势

（一）国内旅游业发展环境稳定向好

2017年，在全域旅游、供给侧改革、居民消费升级因素驱动下，国内旅游市场持续高速增长，休闲市场大幅增长，产业投资和创新更加活跃，经济社会效应更加明显，旅游成为经济增长的新引擎、产业体系升级扩容的新动力、人民幸福生活的新指标。

（二）国内旅游业发展实现稳步增长

2017年，国内旅游市场平稳运行，供给侧结构性改革成效明显，大众旅游时代的市场基础更加扎实。国内旅游人数50.01亿人次，比上年同期增长12.8%。其中，城镇居民36.77亿人次，比上年同期增长15.1%；农村居民13.24亿人次，比上年同期增长6.8%。国内旅游收入4.57万亿元，比上年同期增长15.9%。其中，城镇居民花费3.77万亿元，比上年同期增长16.8%；农村居民花费0.80万亿元，比上年同期增长11.8%。总体来说，我国旅游业发展良好的基本面没有改变，有利条件和机遇仍然很多，我国旅游业仍处于黄金发展期。

（三）假日旅游市场增长速度依然较快

假日旅游是当前我国旅游市场的一大热点。2017年我国国内旅游在节假日期间仍有较快的发展，其中市场规模及旅游收入均保持着10%左右的增长率。七大节假日期间，全国共接待游客总量15.21亿人次，旅游收入共12 783亿元，仅春节、国庆、清明三大节日期间，旅游收入就达到10 976亿元。

二、区域旅游非均衡格局未变，发展趋势向好

（一）区域间潜在出游力差距呈现出明显的收敛趋势

2017年，客源地潜在出游力在东中西三大区域之间的比例为6.3∶2.4∶1.3，相比较长期处于"7∶2∶1"的三级阶梯状分布格局已有所收敛，即我国的客源市场有63%源自东部地区，24%源自中部地区，13%源自西部地区。而从发展趋势来看，东部地区累计潜在出游力所占比重由2010年的70.0%下降到2017年的63.1%，呈现逐年降低趋势。与此同时，中西部地区所占比重在不断升高，累计潜在出游力所占比重由2010年的30.0%提升到2017年的36.9%，区域之间的差距呈现出明显的收敛趋势。

（二）中西部地区旅游产业发展速度依然高于东部

全国东中西部旅游目的地发展指数的区域分异依然显著，东部地区由于经济社会发达、旅游产业基础良好，依然是国内旅游目的地的核心区域。2017年东、中、西三大区域之间旅游接待量所占比例分别为40.17%、28.60%、31.23%，总体呈现4∶3∶3的格局。伴随着西部大开发、"一带一路""旅游+"以及全域旅游等一系列国家战略的不断推进，中西部地区旅游产业发展速度不断提升，项目和资本逐步向中西部聚焦，从数据上看，2017年中西部地区旅游收入的增长率分别为25.79%和27.69%，超过东部地区的9.63%；旅游人次的增长率分别为18.62%和22.65%，超过东部地区的3.55%。中西部地区旅游发展的后发效应与比较优势逐渐凸显，区域之间的合作与战略连接为全国旅游业稳健发展提供了保证。

（三）区域之间客流互动加强，促使均衡化发展格局显现

区域旅游流空间格局总体稳定，东部地区在旅游客流量和旅游交通便捷度方面均保持较强优势。其中客流量方面依然以东部三大经济区之间、三大经济区与成渝经济区之间、长三角与中部地区之间旅游流为主。旅游交通便捷度方面，长三角内部的便捷度指数在区域尺度上相对较高，达到17.52；北京流向天津的旅游流便捷度在省际尺度上相对较高，达到19.62。相较于2017年数据，中西部地区的旅游流呈现快速发展趋势，如成渝地区与中部六省之间的旅游流

增长了21.2%，便捷度提升了27.8%；与环渤海地区的旅游流增长了63.2%，便捷度提高了52.9%；与长三角之间的旅游流增长了72.6%，便捷度提升了56.5%；与珠三角之间的旅游流增长了105.8%，便捷度提升了114.8%。旅游流的快速增长带动着资金流、信息流、人才流以及文化流的互动发展，为区域间均衡发展起到促进作用。

三、国内旅游的休闲度假特征继续凸显

（一）休闲度假的比重提升是现实的市场主导特征

2010年，我国城镇居民出游以观光游览为目的者占32.9%，以休闲度假为目的者占25.0%。2017年，这两个数据分别为22.1%和30.1%。2010年，我国农村居民出游以观光游览为目的者占12.2%，以休闲度假为目的者占6.0%。2017年，这两个数据分别为21.8%和20.7%。城市是主要的旅游客源地，出游规模大，消费能力强。据统计数据表明，我国城镇居民旅游消费约占到全国的80%，某种程度上，城镇居民的出游特征引领了中国居民的整体出游特征。近几年来，农村居民出游的观光游览动机在上升，一定程度上反映了农村居民在生活水平提升之后，出游的意愿在增强。综合判断，观光游览的比重下降已经成为国民旅游市场的中长期趋势，休闲度假的比重提升则是现实的市场主导特征。

（二）国内旅游休闲度假人均花费比重提升

我国城镇居民2016年人均花费约1115.2元，其中休闲度假人均花费约1024.7元，2015年这两个数据分别为1062.1元，879.2元。城镇居民散客的花费构成情况是：交通费占比最高，为34.3%，住宿费占17.7%，餐饮费占26.0%，购物费占12.3%，景区游览费占6.1%，其他费用占3.5%。2016年农村居民人均消费水平约为671.7元，其中休闲度假人均花费749.2元，2015年这两个数据分别为691.3元、730.0元。农村居民散客出游的花费构成情况是：交通费占比最高，为31.6%，住宿费占13.0%，餐饮费占27.2%，购物费占16.8%，景区游览费占6.4%，其他费用占5.0%。城镇居民和农村居民的休闲度假费用均有所提高。

（三）国内旅游者旅游行为呈现出新特点

一是景区信息获取途径多样，旅游攻略网站推荐成主流。在了解国内旅游景区途径方面，旅游攻略网站的推荐以54.5%的占比位居榜首；其次是亲朋推荐，占比44.2%；最后是在线旅游预订网站推荐，占比42.9%。旅游攻略网站

及在线旅游网站的推荐更为专业和丰富,亲朋推荐更为真实,因此成为用户的主要信息来源。二是旅游用户出游常态化,私人定制最活跃。2017年中国旅游用户游览国内景区平均频率如下:每周一次占比2.4%,两周一次占比7.7%,一月一次占比21.3%,一季度一次占比33.9%,半年一次占比24.0%,一年一次占比10.7%。由此可见,旅游用户出游呈现常态化。个性化的定制游已成为大众出游的一大选择。携程定制旅行平台数据显示,2017年全国定制需求单量已超百万单,营收增长超200%。共有来自1658个地方的用户选择定制游。三是在线旅游自助游成主流,景区非标住宿受欢迎。2017年中国在线度假国内游用户最近一次出游,景区住宿选择民宿的比例为33.1%,排在首位。用户入住民宿的首要因素是民宿房屋有特色,其次是深入体验当地文化以及性价比高,特色、文化、性价比成吸引用户入住三大主因。

四、国内旅游发展新业态及新经验不断涌现

(一)政策理念创新案例

一是浙江安吉灵峰以国家级旅游度假区创建为抓手,全面助推乡村旅游建设。灵峰度假区通过市场分析,剖析自身优势,明确主题定位,确立度假区以"美丽乡村"为核心主题打造国家级旅游度假区。通过"企业+农户"的模式,吸引外资推动乡村建设,完善旅游配套,打造"美丽乡村"精品示范区。灵峰绿道骑行、人工湖景观、浒溪生态河道景观、四季花海景观、游客中心等一批旅游公共服务产品更加完善。同时灵峰旅游度假区大力推进智慧旅游工程建设,结合"互联网+"、云计算等现代信息技术来为游客提供更好的服务,增强休闲度假体验。如今的灵峰旅游度假区已经形成了乡村特色旅游资源、自然生态旅游资源、禅宗文化旅游资源三大旅游资源体系。二是宁夏回族自治区制订并出台了《宁夏全域旅游示范区创建工作实施方案》,按照"全景、全业、全时、全民"模式,创建全域旅游示范省(区),构建宁夏"一核、两带、三廊、七板块、百点支撑"的全域旅游新格局。通过业态融合,创新旅游大发展。旅游与新生活方式的融合也成为一种趋势,"旅游+教育""旅游+休闲度假""旅游+健康养生""旅游+新型养老""旅游+互联网"等全域旅游新业态不断涌现,推动宁夏旅游快速发展。

(二)旅游扶贫创新案例

一是淅川县巧妙借力南水北调,助推旅游扶贫发展。借助南水北调中线工

程渠首地、核心水源区的优越地位，发展乡村旅游。以"资源共享，突出特色，相互补充，共同发展"为理念，力求37个旅游扶贫重点村的旅游产业具有高创意、特色化、可持续发展性，助力旅游扶贫。二是内蒙古自治区通过国家文化旅游部、国务院扶贫办"千千万万工程"，与农业部门共同开展休闲农业和乡村旅游示范县、示范点创建；组织星级乡村旅游接待户评定，组织"特色旅游村"和"特色家庭旅游线"创建，与自治区扶贫办共同制订专题方案推进旅游扶贫。以阿拉善盟为例，截止到2018年初，其农牧家乐旅游点接待户达到215个（其中星级接待户83家），大漠旅游接待驿站39个，全盟参与旅游及相关行业就业的农牧民达到1.7万人，占农牧区总人数的30%。

五、2018年国内旅游发展的趋势展望与建议

（一）发展的趋势

促进区域旅游均衡发展的利好效应将持续释放。2018年，客源地潜在出游力在东中西三大区域之间的比例将朝6∶3∶1的格局发展。2018年，诸多战略和工程促进区域旅游均衡发展的综合效应将持续释放：一是国家战略的辐射范围和战略效应将进一步扩大；二是辐射中西部地区的跨区域旅游合作不断加强；三是中西部地区高速交通网络骨架工程和对接工程相继建设完工。

（二）政策建议

推进更多国民参与、更高品质分享和可持续发展三大战略目标。一是以优质为抓手，实现从美丽风景到美好生活的发展方式的转变。二是以共享为理念，实现从美丽风景资源驱动到美好生活市场导向的转变。三是以全域为视野，实现从卖美丽风景到卖美好生活的附加值提升。四是以市场主体培育为主抓手，促进区域旅游均衡发展。

目 录
CONTENTS

第一章 国内旅游发展状况与特征 ················· 1
一、2017年国内旅游发展的总体情况 ················· 2
二、2018年国内旅游发展的新机遇 ················· 8
三、2018年国内旅游发展的趋势展望与政策建议 ················· 11

第二章 国内旅游市场特征 ················· 15
一、国内旅游市场总体研究 ················· 16
二、国内旅游出游潜力特征 ················· 23
三、国内旅游市场消费特征 ················· 27
四、国内旅游市场行为特征 ················· 33

第三章 国内旅游产业发展特征 ················· 47
一、2017年旅游目的地空间结构特征 ················· 48
二、文旅融合演绎出全新产业发展格局 ················· 74
三、2017年国内旅游目的地发展创新案例 ················· 75

第四章 国内旅游客流空间流动特征 ················· 83
一、大尺度旅游客流分析 ················· 84
二、中尺度旅游客流分析 ················· 93
三、旅游流通道便捷度 ················· 104

第五章　国内旅游节假日市场特征 ················· 117
一、假日旅游市场增长速度依然较快 ················· 119
二、假日旅游目的地选择多元化、出行方式多样化 ············· 121
三、2017年假日旅游市场特点鲜明 ················· 125
四、假日旅游公共服务不断升级，游客满意度不断提升 ··········· 127

第一章
国内旅游发展状况与特征

一、2017年国内旅游发展的总体情况

2017年是"十三五"规划实践的重要一年。2017年我国旅游消费保持高速增长态势,供给侧结构性改革成效明显。全年接待国内旅游人数达50.01亿人次,比上年同期增长12.8%。国内旅游总收入4.57万亿元,比上年同期增长15.9%。经过测算,全年全国旅游业对GDP的综合贡献为9.13万亿元,占GDP总量的11.04%。旅游直接就业2825万人,间接就业7990万人,占全国就业总人口的10.28%。2017年,我国人均出游已达3.7次,旅游成为衡量现代生活水平的重要指标,成为人民幸福生活的刚需。旅游业列"五大幸福产业"之首。每年近50亿人次的旅游市场,成为传承中华文化、弘扬社会主义核心价值观、提升国民素质、促进社会进步的重要载体。

(一)国家政策情况

2017年全年发布国家级旅游政策41个,旅游民宿、旅行社等行业管理方面出台了一系列规范政策与规章办法,为我国旅游业良性发展保驾护航。

1. 国家层面大政方针

2017年我国全域旅游发展成效显著,供给侧结构性改革取得良好效果,国家和各级政府以大力发展全域旅游为抓手,制定一系列的政策文件,统筹解决传统景点旅游模式下旅游有效供给不足的结构性问题,旅游现代治理体系初步建立。2017年2月,中央一号文件《中共中央、国务院关于深入推进农业供给侧结构性改革 加快培育农业农村发展新动能的若干意见》中首次写入"旅游+"概念。

2. 旅游局层面

2017年是全域旅游全面推进的一年,6月国家旅游局发布了《全域旅游示范区创建工作导则》(以下简称《导则》),为全域旅游示范区创建工作提供行动指南。《导则》指出,创建工作要实现"五个目标",并起到相应的示范引领作用:一是实现旅游治理规范化;二是实现旅游发展全域化;三是实现旅游供

给品质化;四是实现旅游参与全民化;五是实现旅游效应最大化,成为旅游业惠民生、稳增长、调结构、促协调、扩开放的典范。并坚持"注重实效,突出示范""宽进严选,统一认定""有进有出,动态管理"三大方针,建立相应的管理和退出机制。2017年是厕所革命3年计划收官之年,国家旅游局发布了《全国旅游厕所建设管理新三年行动计划(2018—2020)》,明确提出2018年至2020年再建旅游厕所6.4万座,实现厕所革命"数量充足、分布合理,管理有效、服务到位,环保卫生、如厕文明"的新三年目标。

2017年民宿投资热潮渐趋理性,国家旅游局批准并公布了《旅游民宿基本要求与评价》《旅游经营者处理投诉规范》《文化主题旅游饭店基本要求与评价》《精品旅游饭店》4项行业标准,规定了旅游民宿的定义、评价原则、基本要求、管理规范和等级划分条件。

旅行社方面,2017年9月,国家旅游局发布了《关于规范旅行社经营行为维护游客合法权益的通知》,对各地旅游主管部门履职、旅行社规范经营提出了要求,倡导游客理性消费,共同抵制不法经营行为,防范市场风险。

为了更好地满足游客需求,提升游客体验质量,2017年11月,国家旅游局发布《景区游客高峰时段应对规范》《旅行社在线经营与服务规范》《温泉旅游企业星级划分与评定》《温泉旅游泉质等级划分》等行业标准,计划已于2018年5月1日起实施。并规范了旅游电子商务行业,于2017年1月发布《旅游电子商务企业基本信息规范》《旅游电子商务产品和服务基本规范》《旅游电子商务电子合同基本信息规范》等行业标准。

针对乡村旅游、工业旅游、研学旅行等,国家也发布了一系列规定。2017年乡村旅游继续保持快速发展,呈现出远超一般旅游业态的蓬勃活力。2017年7月,国家发改委等部门联合下发了《促进乡村旅游发展提质升级行动方案(2017年)》。乡村旅游用地获得政策支持。2017年12月,两部委联合下发《关于深入推进农业供给侧结构性改革 做好农村产业融合发展用地保障工作的通知》。2017年12月,国家旅游局批准公布了《国家工业旅游示范基地规范与评价》行业标准,该标准规定了国家工业旅游示范基地的术语和定义、基本条件、基础设施及服务、配套设施及服务、旅游安全、旅游信息化、综合管理等内容。2017年12月,国家发改委、国土资源部、环保部、住建部联合发布《关于规范推进特色小镇和特色小城镇建设的若干意见》,提出各地要把特色小镇和小城镇建设作为供给侧结构性改革的重要平台,促进新型城镇化建设和经济转型升级。2017年9月，教育部印发《中小学综合实践活动课程指导纲要》，将研学旅行纳入中小学必修课程。此外，国家旅游局还发布了《研学旅行服务规范》。

2017年是国家公园建设的重要一年。2017年6月，中央全面深化改革领导小组第三十六次会议审议通过《祁连山国家公园体制试点方案》。2017年7月，中央全面深化改革领导小组第三十七次会议审议通过《建立国家公园体制总体方案》。2017年8月，我国首份国家公园地方性法规——《三江源国家公园条例（试行）》开始施行。2017年9月，中共中央办公厅、国务院办公厅印发《建立国家公园体制总体方案》。

（二）客源市场发展情况

1. 客源地出游力分布总体呈现东—西梯度递减格局

2017年，我国各大客源地的游客产出量保持增长趋势。从区域角度来看，延续去年的东、中、西三级阶梯状发展格局，出游比例为6.3∶2.4∶1.3，相比上年的6∶3∶1，基本格局没有太大变化。从全国角度来看，2017年我国客源地依旧集中在环渤海、长三角、珠三角、成渝四大经济区。从省级角度来看，我国出游力处于全国前五位的分别是上海、北京、江苏、广东、浙江五个省（市）。从客源地分布来看，一线以及沿海发达城市依旧是国内旅游的主体，主要原因是这些省市拥有较高的经济水平和居民消费能力，旅游已经成为当地居民的主要休闲方式之一。总体来说，东部沿海省市依旧是出游潜力最强的地区，中部稍弱，西部潜力最小。全国客源地出游力依旧是东—中—西递减格局。

2. 城乡不同群体居民出游差异特征明显

从我国客源地城乡差异来看，2016年，我国城镇居民出游人次达到31.95亿人次，农村居民出游人次达到12.40亿人次。城镇居民在全年的出游人次大约是农村居民出游人次的3倍。2016年，中青年市场仍旧是我国国内旅游市场的主力军，尤其是年龄在25~34岁之间的群体，出游人次为12.90亿人次，达到所有年龄段中出游人次最高。从国内游客的受教育程度来看，2016年我国国内旅游市场依旧保持高学历趋势。城镇居民大专及其以上学历出游者最多，为20.77亿人次，约占所有城镇出游人数的65%。而农村居民中最多的是初中及以下教育程度的游客，为4.87亿人次，约占所有农村出游人数的39%。上述数据说明我国城乡国内游客的教育水平差异较大。

3. 华东消费者旅游热情最高，西北旅游人口增速迅猛

2017年，排名前十的客源地依旧是以东部沿海地区城市为主，其中华东地

区消费者出游热情最高,西北地区出游人数猛增(见表1-1),在"一带一路"倡议的推动下,西安、乌鲁木齐、兰州等西部沿线城市的消费热情和出游热情猛增。

表1-1　2017年排名前十的客源地及西部出游热情最高的客源地

排名前十的客源地	西部出游热情最高的客源地
上海	西安
江苏	乌鲁木齐
广东	兰州
北京	西宁
四川	银川
浙江	宝鸡
山东	渭南
湖北	天水
福建	哈密
辽宁	咸阳

数据来源:途牛网

(三)目的地发展情况

2017年,我国旅游目的地的发展有三大趋势:景区指数持续上升,旅游目的地发展呈现"东强西弱"格局,文旅融合推进全新产业发展格局。

1.景区指数持续上升

将5A与4A景区作为核定各省份景区指数的主要依托,构建各地区旅游景区指数。2017年,我国国内旅游中景区指数最高的五个省份为山东、四川、浙江、江苏和广东,景区指数最低的为西藏、青海、宁夏、海南和天津。为进一步确保景区服务质量,2017年,国家旅游局和地方旅游局对5A级和4A级景区进行核实检查,对部分采取警告,甚至摘牌的措施,坚持A级景区的进出有序和动态管理,多地旅游管理部门为此制订了详细的景区集中整治行动方案,督促景区不断提升服务管理水平,创建环境优美、服务周到的旅游品牌。

2. 旅游目的地发展呈现"东强西弱"格局

2017年，我国国内旅游产业发展"东强西弱，南强北弱"的格局依旧未变。东部地区的旅游接待能力和目的地建设保持领先地位，旅游接待人次和旅游收入远超中西部地区，几乎是中西部地区的两倍。

2017年是西部地区旅游快速发展的一年，宁夏、贵州、云南的旅游接待增长率和旅游收入位于前三位，其中宁夏和贵州均超过40%。在旅游接待质量方面，东部地区的旅游服务质量指数、星级饭店发展指数和旅行社发展指数远超过中西部地区，其中星级饭店数量和旅行社数量约占全国的一半。未来中西部地区旅游目的地发展过程中，应重视服务质量提升，增强目的地体验。

3. 文旅融合推进全新产业发展格局

2018年国家文化和旅游部的组建，是国内文化旅游产业发展的重要节点，文旅融合的趋势将进一步增强，文旅产业投资将继续保持增长趋势，大型非旅游行业企业通过投资并购加入进军文旅产业，推动产业格局的大幅度整合。另一方面，游客的多元化和个性化需求促使文旅融合，助推供给侧创新产品，促进新旅游时代形成，即文化塑造与旅游体验的深度融合，从单一的观光旅游向休闲度假、全域旅游、综合旅游目的地、旅游小镇等多元化旅游产品方向发展。

（四）旅游流情况

1. 不同空间尺度的旅游流具有特定的表现规律

从全国的大尺度以及区域的中尺度两个角度考察旅游流动情况。宏观层面上旅游流动的主要构成包括环渤海经济区、长三角经济区、珠三角经济区以及中部旅游区。2017年，我国的大尺度旅游流流动趋势主要表现为：东部三大经济区流向中部地区和西部旅游资源大省的西向旅游流、西部经济相对发达地区流向东部三大经济区的东向旅游流。从区域旅游发展模式来看，金三角双向旅游流具有很强的经济性，而且市场因素和自身资源的驱动性也较强，属于混合驱动型旅游流；西向旅游流具有资源导向及政策导向特征，属于资源驱动型和政策驱动型旅游流；东向旅游流具有一定的经济性，属于经济驱动型旅游流。从中尺度旅游流层面来看，2017年核心地区和城市的带动效应依旧明显，环渤海经济区、长三角经济区、珠三角经济区、中部六省的旅游流变化幅度较小，北京、上海、浙江等热点城市和省份的旅游流动频率和流动量明显高于周边城市和省份。

2. 旅游流通道便捷度存在差异

各旅游区内以及旅游区之间的旅游流便捷度存在差异。旅游流通道便捷指数是旅游流在通道中流动时的便利快捷程度，与物理距离负相关，与经济发达程度和交通便利程度正相关。从全国层面来看，上海流向长三角内部的旅游流通道便捷度最高，便捷指数达到17.52；其次是北京流向环渤海内部的旅游流通道便捷度，达到7.73，同比去年数值有所下降。辽宁流向云贵地区的旅游流通道便捷度最低，只有0.06。此外，旅游流通道便捷度在0.10以下的还有：湖南流向东北地区的旅游流通道便捷度为0.09，辽宁流向成渝地区的旅游流通道便捷度为0.10。区域内部的旅游流便捷程度也存在差异。

3. 交通条件的改善为旅游的顺利流动提供保障

2017年，我国航空、高铁、高速公路、邮轮等交通设施更加完善，离"快旅慢游"格局的形成更进一步。2017年，全行业完成旅客运输量55 156万人次，比上年增长13.0%。国内航线完成旅客运输量49 611万人次，比上年增长13.7%。2017年，全国民航运输机场完成旅客吞吐量11.48亿人次，比上年增长12.9%。铁路方面，全国铁路固定资产投资完成8010亿元，投产新线3038公里，其中高速铁路2182公里，实现了"复兴号"中国标准动车组上线运营，高铁逐渐成为居民出游的新的交通方式。全国铁路旅客发送量完成30.38亿人，比上年增加2.65亿人，增长9.6%；国家铁路旅客周转量完成13 396.96亿人公里，比上年增加869.09亿人公里，增长6.9%。公路方面，2017年年末全国公路总里程477.35万公里，比上年增加7.82万公里。高速公路里程13.65万公里，比上年增加0.65万公里。2017年是中国邮轮市场从高速增长向平稳发展的转变之年，截止到2017年，中国邮轮港口接待邮轮总量达到5807艘次，接待出入境游客量达到1813.54万人次。随着高速公路、高速铁路、机场、车站、码头等旅游交通基础设施的加速发展，现代综合交通运输体系不断完善，"快进""慢游"的旅游交通基础设施网络逐步形成。

（五）旅游市场状况

1. 国内旅游业发展实现稳步增长

2017年，国内旅游市场平稳运行，供给侧结构性改革成效明显，大众旅游时代的市场基础更加扎实。国内旅游人数50.01亿人次，比上年同期增长12.8%。其中，城镇居民36.77亿人次，比上年同期增长15.1%；农村居民13.24亿人次，比上年同期增长6.8%。国内旅游收入4.57万亿元，上年同期增长 15.9%。其中，城镇居民花费 3.77 万亿元，比上年同期增长 16.8%；农村居民花费 0.80 万亿元，比上年同期增长 11.8%。总体来说，我国旅游业发展良好的基本面没有改变，有利条件和机遇仍然很多，我国旅游业仍处于黄金发展期。

2. 旅游消费发生明显变化

从消费主体来看，国内旅游从小众市场向大众市场转变，已拥有全球最大的国内旅游消费市场。改革开放以来，随着中国经济与国民收入的增长，旅游已经不再只是特定阶层和少数人的享受，逐步成为国民大众日常生活常态化的生活选项。随着我国城市化发展进程的加快和社会保障体系的不断完善，中等收入人群规模不断扩大，旅游消费能力和旅游消费意愿不断提升，旅游消费习惯逐步优化，旅游已成为人们最重要的休闲方式之一，老年人、青少年、学生、农民等旅游消费人群快速扩大。从消费形式和消费需求来看，旅游消费空间将由团队客的封闭世界转变为游客和市民共享的生活空间。国民大众旅行经验的不断丰富以及以 80 后、90 后为主体的游客数量的增长和主体结构的变化开启了自主旅游决策、自主行程安排的自主、自助旅行时代。

3. 在线旅游无线客户端发展势头迅猛

随着在线旅游行业的火爆、手机无线端功能的日益完善，越来越多的消费者在出行时使用"无线预订"来节省出行时间，享受便捷。2017 年，在线旅游无线客户端发展势头迅猛，各商家纷纷推出无线端预订活动来抢夺市场份额，有关数据显示，2017 年 1—10 月旅游日均搜索指数为 1570 万，同比去年增长 23%，在 7 月和 8 月暑假期间搜索指数达到小高峰，同比上年上涨 27%。

二、2018 年国内旅游发展的新机遇

（一）全域旅游渐成旅游供给侧改革突破口

2018 年是全域旅游发展关键年，从中央到地方，多项扶持政策近期密集落地，一揽子财政和金融支持政策呼之欲出。除了地方财政将进一步加大投资力度外，还将创新旅游投融资机制。比如，设立旅游产业促进基金，将部分旅游资源进行资产证券化，依托股权交易平台进行交易，积极推广 PPP 模式，支持旅游企业直接上市融资，引导更多资金进入全域旅游项目。2018 年伊始，原国家旅游局办公室印发了《关于 2018 中国旅游主题年安排的通知》，确定 2018 年为"美丽中国——2018 全域旅游年"。要求各地提高认识，做好旅游市场活

动设计，丰富旅游产品线路，做好特色旅游产品供给，提升旅游宣传工作实效，大力提倡入境旅游。

（二）旅游产业面临新机遇

2018年，我国旅游产业将得到更多发展，首先是旅游集团在不断满足现有需求的同时，不断创造未来需求，以时尚引领旅游和社会生活的未来。旅游集团应把握大众旅游和全域旅游的旅游新机遇，加大产品、服务创新，拓展全产业链，坚持产业融合政策，运用大数据、人工智能等新科技提升旅游品质。

随着游客需求的多元化，预计在2018年，旅游住宿业将不断拓展边界、扩大规模，尤其是借助"一带一路"的东风，把握更多的投资机会。充分释放新兴行业的供给端活力，一方面通过对传统住宿业态的改造提升、优化重组，使之焕发活力；另一方面培植新兴力量，逐步替代传统住宿业的衰减。同时侧重于供给侧结构性改革，以内容创新为基础，以价值创造和品质服务为导向，为顾客提供高品质住宿产品。更为广泛地应用高新技术，提高酒店的智能化，实现低碳环保。此外，未来旅游景区发展需要进一步丰富产品供给，运营管理更加专业化，不断提升景区企业的市场竞争力。以全域旅游的发展思维，建立、完善景区产业的宏观促进政策。在传统景区领域，通过内容产品和运营模式提高市场竞争力，提升体验丰富度，延长景区价值链，扩大产品体系来增加收益。

（三）旅游公共服务更加完善

以"515战略"为引领，全域旅游示范区创建工作为抓手，我国旅游公共服务与治理供给侧改革全面推进。以大数据、旅游扶贫、文明旅游与旅游厕所革命为重点的旅游公共服务供给侧改革深入推进。2017年是"厕所革命"三年行动计划的收官之年，以"厕所革命"为引子的旅游公共服务，由原来的萌芽变成了现实的动力，"厕所革命"由景区延伸到区域，由城市延伸到农村，从2015年开始到2017年底，三年内共新建、改建、扩建旅游厕所6.8万座，超过计划目标的19.3%。各个地方都在做旅游公共服务，包括旅游基础设施的投入、智慧旅游科技设备的注入，综合治理体系不断完善，旅游交通系统持续优化。

（四）旅游市场持续扩大

1. 国内旅游市场持续扩大

2017年，我国国内旅游人数超过50亿人次，旅游对国民经济和社会就业的综合贡献均超过10%，全面实现了年初制定的各项目标。在全域旅游、供给侧改革、居民消费升级等因素推动下，2018年国内旅游将继续保持高速增长态势，产业运行平稳，旅游投资保持高位，旅游就业稳步增加，新解决旅游就业100万人。预计2018年国内旅游人数将达56.2亿人次，同比上年增长12%。国内旅游收入超过5.19万亿元，同比上年增长14%。

2. 旅游消费发生变化

2017年，国内旅游人数50.01亿人次，比上年同期增长12.8%。国内旅游收入4.57万亿元，比上年同期增长15.9%。旅游者单次出游预算水平达3722.96元/人，同比去年增长7.73%。2018年旅游人数及人均消费将保持增长趋势。此外，体验式消费占比将加大，尤其是旅游景区消费中的体验性消费支出将增加，相对应的市场供应端将加大体验式消费布局。品质化产品预测在2018年会备受追捧，高品质的旅游方式将成为更多人旅游的主要方式，飞机将成为长线出游的首选交通工具，其次是舒适便捷的高铁动车，更加注重出行自由度的旅游者会选择自驾游。

3. 旅游产品持续升级

政策引导型产品、科技引导型产品、市场引导型产品将成为2018年的市场新宠。特色小镇、田园综合体等产品在政府引导和企业推进的双重引导下，将涌现一批新的休闲旅游产品。预计到2020年，中国体育旅游总人数将达到10亿人次，占旅游总人数的15%，体育旅游总消费规模将突破1万亿元。主题公园、沉浸式体验等科技引导型旅游产品越来越受到旅游者的欢迎，加上夜游经济的突起，会弥补夜间旅游产品的空白。健康旅游、亲子旅游、研学旅行等市场引导型产品潜力有待挖掘，康养产业在未来5年有望达到10万亿元，在未来30年以11.48%的年增长率高速发展。此外，2018年末，我国亲子用户将达到2.86亿，市场规模达到500亿。

4. 科技与旅游融合成为潮流

旅游产品通过VR、AR等"科技滤镜"，将为游客带来更多惊艳体验。2017年11月，故宫推出朱棣建造紫禁城VR4D沉浸式体验馆项目。宋城、上海迪士尼、华侨城等已宣布要与VR/AR（增强现实技术）联姻。这种"沉浸式"互动体验新技术，在旅游业中的应用前景相当广泛。据国际数据资讯公司预测，到2020年，人工智能将推动全球旅游业收入超过470亿美元。科技化和智能化将为游客出行、住宿、游览等旅游服务提供更多便利。

三、2018年国内旅游发展的趋势展望与政策建议

（一）发展趋势

促进区域旅游均衡发展的利好效应将持续释放。2017年，客源地潜在出游力在东中西三大区域之间的比例大约为6.3∶2.4∶1.3；同时，中西部地区的整体发展速度要大于东部地区，可以预见，2018年，该比例将朝6∶3∶1的格局发展。2018年，诸多战略和工程促进区域旅游均衡发展的综合效应将持续释放。

一是国家战略的辐射范围和战略效应将进一步扩大。除"一带一路"、精准扶贫战略外，国家旅游局出台的边境旅游示范区、扶贫旅游示范点、红色旅游示范点等辐射范围更广，倾斜中西部地区的旅游业专项战略其综合效应将逐步显现。

二是辐射中西部地区的跨区域旅游合作不断加强。国家旅游局主推的大型国家旅游线路，尤其是贯穿东中西三个区域的丝绸之路旅游线、黄河文明旅游线、长江国际黄金旅游带等将有效联合东中西三大区域，实现东部带动中西部旅游发展。

三是中西部地区高速交通网络骨架工程和对接工程相继建设完工。2017年有6条新的高铁（城铁）线路开通运营，其中5条与中西部地区有直接关联。高速公路方面，2017年全国新增高速公路5000多公里，总里程近14万公里，中西部地区是主要建设地区。国家高速交通体系向西部倾斜，大大提升了中西部地区旅游可进入性，带动了区域间旅游要素的快速流动，必将为2018年乃至今后一段时期区域旅游均衡发展奠定基础。

（二）政策建议

1. 以优质为抓手，实现从美丽风景到美好生活的发展方式的转变

大众旅游的纵深化发展，奠定了我国旅游"从高速旅游增长阶段转向优质旅游发展阶段"的战略基础。发展优质旅游要求以满足新时代人民的旅游美好生活需要为根本出发点，走内涵式、高渗透融合发展之路，做好"旅游＋生活""风景之上是生活"的文章。

国家旅游行政主管部门和专业智库共同努力，推动地方编制优质旅游专项规划，将"旅游＋"等内容作为地方旅游发展总体规划的常规内容，有针对性地做好优质旅游创新发展的专题培训和人才培养工作。

2. 以共享为理念，实现从美丽风景资源驱动到美好生活市场导向的转变

主客共享不仅是旅游目的地基础设施、商业环境和服务水平的完善、提升，也是当地居民与游客共商、共建、共享目的地的生活环境，更是旅游经营的包容态度，即对历史遗迹的包容，行走在城市中能偶尔看到一处古老沧桑的建筑；对市井百态的包容，广场中能遇到操着乡音卖土特产的老农。这种包容带来的真实，才是目的地的本质，才是维系目的地旅游活力的源泉。同时，主客共享也需要勇气，对城市公园和公共景区进行开敞式改造，将绿色还给市民，将品质分享给游客。杭州的"免费西湖模式"，免票不仅没有亏本，反而给杭州带来了意想不到的效益。

为此，我们需要应用主客共享发展理念，扎实做好几个目的地生活要素完善、环境品质提升的成功案例，通过官方向全国推广。可根据东中西区域划分，分别组织全国性的地方旅游主管部门理论培训，结合旅游发展阶段与区域特征，推广共享理论。

3. 以全域为视野，实现从卖美丽风景到卖美好生活的附加值提升

景区是花朵，区域是土壤，全域视野要求不能只关注景区景点，还要关注整个区域的旅游软硬件设施的完善和生活氛围的打造。东部地区出游力旺盛、基础设施完善，要更多关注商业、服务等软环境的优化提升，在打造美好生活的品质上下功夫。中西部地区，不仅要看到眼前的风景，更要分析远方的市场，要借助政策、资本等外部力量，完善区域公共服务等基础设施，逐步培育美丽风景衬托中的美好生活氛围。

旅游行政主管部门应以首批全域旅游示范创建单位的验收为契机，严格执行《全域旅游示范区创建工作导则》，通过"宽进严选，统一认定""有进有出，动态管理"等验收评选原则，实行优进劣退，将全域旅游理念真正落实到示范区的发展中，将全域的视野推广到地方旅游发展的实践中。

4. 以市场主体培育为主抓手，促进区域旅游均衡发展

一是充分发挥政府自主性与创新性，为中西部地区旅游业发展注入新活力。在区域旅游均衡发展中，政府应该承担更多创新引领工作，通过贯彻"创新、协调、绿色、开放、共享"五大发展理念，实现区域旅游与社会经济的进一步协调。通过编制中西部地区旅游业跨越式发展战略规划，因地制宜发展旅游文创、科技、乡村等创新业态，从而探索区域协同发展新方向；通过研究出台扶持性旅游业发展政策，提升中西部地区旅游业竞争力，如增加中西部地区5A级景区数量、全域旅游示范点等。通过国家财政和相关宏观调控部门参股、安排专项资金、贷款补贴、贷款担保、资本金注入、增信等方式重点支持基础设施建设。

二是着力培育中西部地区市场主体，探寻区域旅游发展新动能。旅游市场主体是区域旅游业发展的内生动力，从旅游市场主体培育入手，通过区域旅游企业协同发展，实现旅游产业的均衡发展是区域旅游可持续发展的必由之路。以入股、贴息、补助、奖励等方式，鼓励大众创业，培育小微企业，做大骨干企业，从而激发旅游企业的创新动力。通过建立奖励机制，激发东部发达地区旅游企业向中西部转移，提升中西部地区旅游企业竞争力。

第二章
国内旅游市场特征

一、国内旅游市场总体研究

（一）国内旅游市场持续向好

1. 国内旅游市场市场规模已达到 50.01 亿人次

2017 年全年，全域旅游推动旅游经济实现了较快增长，大众旅游时代的市场基础更加厚实，产业投资和创新更加活跃，经济社会效应更加明显。根据国内旅游抽样调查结果，2017 年全年，国内旅游人数 50.01 亿人次，比上年同期增长 12.8%。其中，城镇居民 36.77 亿人次，占比 74%，比上年同期增长 15.1%；农村居民 13.24 亿人次，占比 26%，比上年同期增长 6.8%。国内旅游收入 4.57 万亿元，比上年同期增长 15.9%。其中城镇居民花费 3.77 万亿元，占比 82.49%，比上年同期增长 16.8%；农村居民花费 0.80 万亿元，占比 17.51%，比上年同期增长 11.8%。

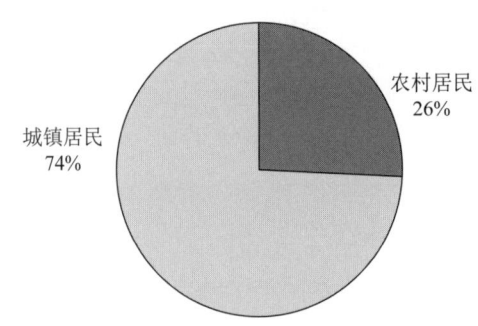

图 2-1 2016 年国内旅游人数城镇和农村居民占比

2. 国内旅游市场总体保持 10% 以上的增长率

从近年来国内旅游市场发展规模来看（图 2-2），无论是旅游收入还是旅游人数均保持着稳步扩大的态势。其中旅游收入方面，国内旅游市场收入规模从 2013 年的 2.63 万亿元增长到 2017 年的 4.57 万亿元，增长幅度为 73.76%。而在旅游人数方面，我国国内旅游人数从 2013 年的 32.62 亿人次增长到 2017 年的50亿人次，总体增幅为53.28%。

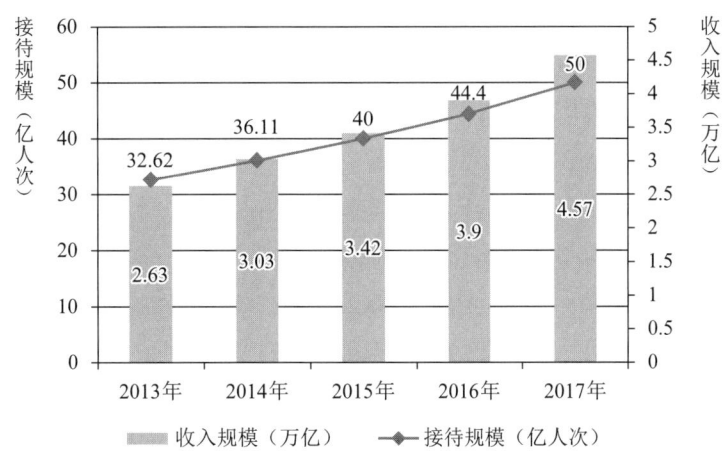

图2-2 近5年国内旅游接待量和收入规模的变化

而从近5年国内旅游市场规模年度增长幅度来看（图2-3），无论是旅游收入还是旅游人数，在2013—2015年间总体规模均保持平稳增长态势，其中国内旅游收入规模总体保持在15%左右的增长速度，而旅游接待量总体保持在10%左右的增长速度。

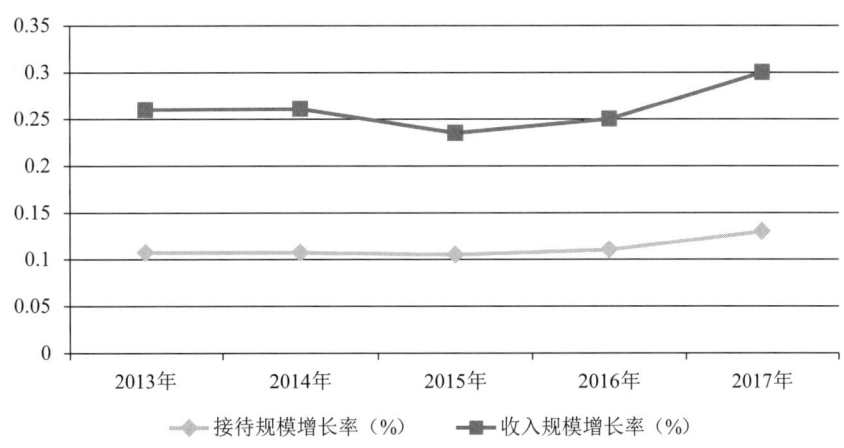

图2-3 近5年国内旅游市场增长率变化

3. 预计2018年国内旅游市场将创新高

2018年是实施"十三五"规划的重要一年，也是推进供给侧结构性改革的深化之年。我国旅游市场规模稳步扩大，旅游业在创新发展中继续领跑经济增长。我国旅游已经发展到大众化旅游中高级阶段，向日常休闲回归，差异化游憩环境逐渐成为休闲的手段。休闲需求进入越来越多百姓的日常生活，国内旅游需求旺盛，旅游投资维持高位，旅游就业稳步增加。

（二）区域旅游市场依然保持"6∶3∶1"结构

将我国旅游市场按区域划分为东部地区、中部地区和西部地区。其中东部地区包括：北京、天津、河北、辽宁、吉林、黑龙江、上海、江苏、浙江、福建、山东、广东、海南，2017年共接待国内旅游者52.44亿人次；中部地区包括：山西、安徽、江西、河南、湖北、湖南，2017年共接待国内旅游者31.54亿人次；西部地区包括：内蒙古、广西、重庆、四川、贵州、云南、西藏、陕西、甘肃、青海、宁夏、新疆、新疆生产建设兵团，2017年共接待国内旅游者40.77亿人次。

图2-4描述的是区域市场在这近5年里接待国内人数的变化趋势，无论哪个区域，接待量都在逐年增加。东部地区从2013年的39.77亿人次增长到2017年的52.44亿人次，中部地区从2013年的20.14亿人次增长到2017年的31.54亿人次，西部地区从2013年的19.91亿人次增长到2017年的40.77亿人次。

总体来说，东部地区整体接待规模要高于中西部，中西部的整体接待规模相当。近几年来，东部地区接待规模增长缓慢，西部地区接待量增长最快。

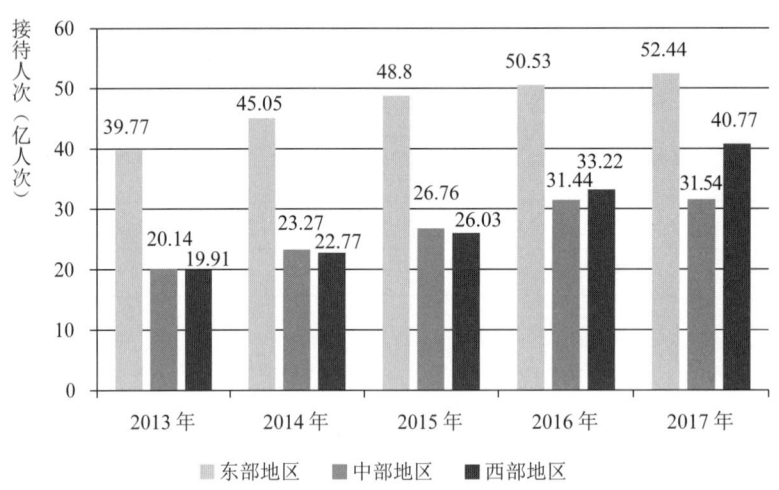

图2-4　2013—2017年区域总体接待量对比

由于各区域的省市个数不同,发展速度不同,图 2-5 显示的是 2017 年我国各区域的平均接待量,其中东部地区的平均接待量为 4.03 亿人次,中部地区的平均接待量为 5.26 亿人次,西部地区的平均接待量为 3.14 亿人次。其中,中部地区的平均接待量是最大的,但与 2016 年相比增长幅度不大,而西部地区凭借优越的自然环境,在旅游基础设施不断完善的进程中,吸引众多的旅游者来一场生态之旅,从而使其平均接待量呈现显著的增长趋势。

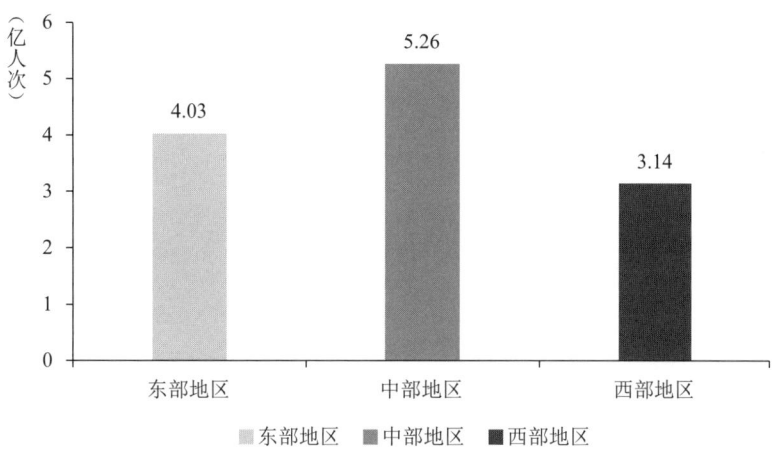

图 2-5　2017 年三大区域平均接待量

(三)国内旅游市场的城乡人口统计特征

1. 国内旅游市场的城乡二元结构依然明显

如图 2-6 所示,2016 年,国内旅游人次城乡对比,全年城镇居民旅游人次达到 31.95 亿人次,农村居民旅游人次达到 12.40 亿人次。城镇居民在全年的旅游次数都高于农村居民的旅游次数,但随着农村居民生活条件的改善、可自由支配收入的增加,农村居民外出旅游的人数也在不断增加,因此,总人次上,逐渐被农村居民数量赶超。从时间上来看,城镇居民出游活动会受到节假日等时间上的限制,一般会选择在带薪休假的黄金假期、春节长假和周末假期来完成旅游活动;而农村居民出游活动的进行相对而言,时间上比较灵活,所以每个季度出游的密集性比较平稳,波动性不强。

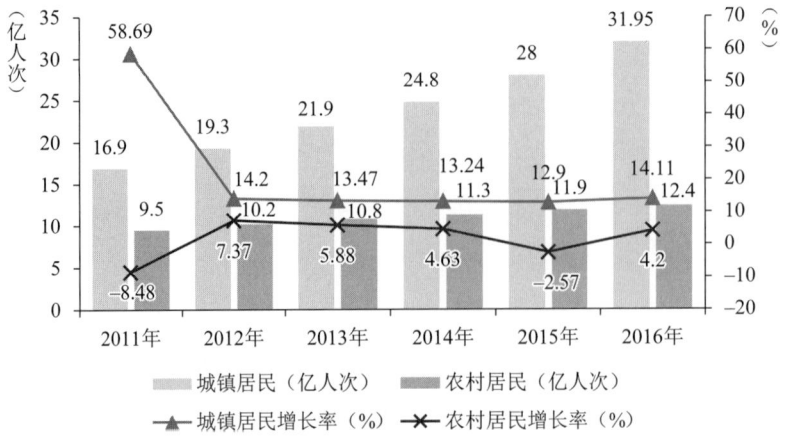

图 2-6　城乡国内旅游人次对比

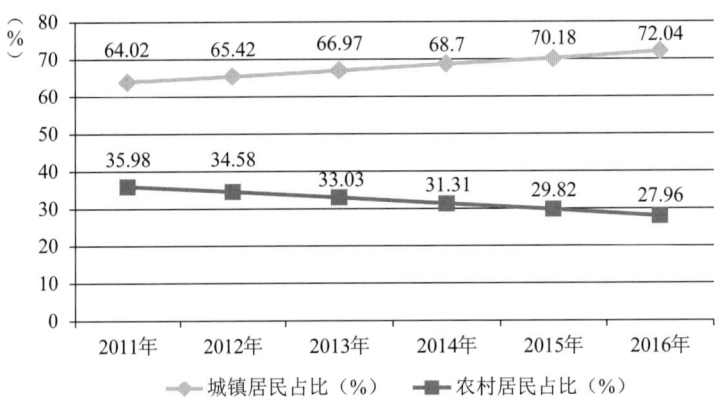

图 2-7　城乡居民占比

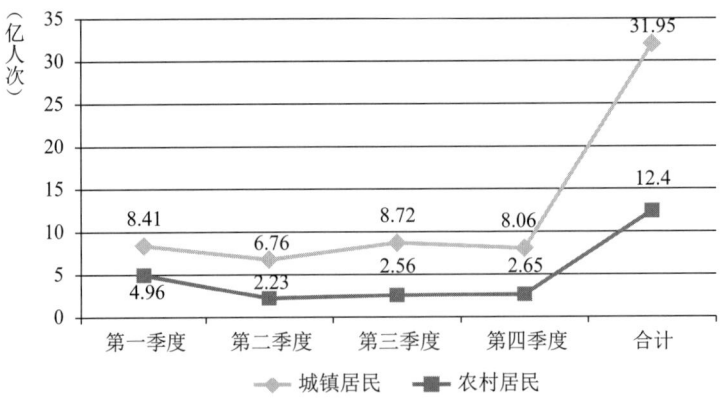

图 2-8　2016 年城乡国内旅游人次对比

2. 中青年依然是国内旅游市场主力

图 2-9 显示，2016 年我国国内旅游市场的主力军是 25~34 岁的年轻人，为 12.90 亿人次；其次是 45~64 岁这一年龄阶段的人，为 10.48 亿人次；接着是 35~44 岁的人，为 8.81 亿人次；其余的 15~24 岁、14 岁及以下和 65 岁及以上分别为 4.93 亿人次、4.03 亿人次以及 3.15 亿人次。无论是城镇居民还是农村居民，25~34 岁的年轻人都是国内旅游的主力军。

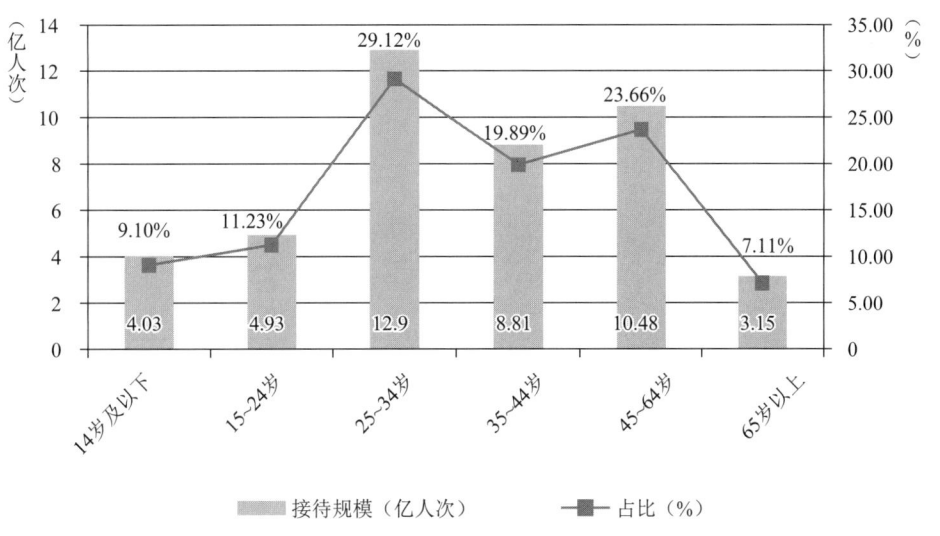

图 2-9 国内旅游人次年龄分布

3. 国内旅游市场呈现高学历趋势

从我国国内游客的受教育程度来看（图 2-10），2016 年我国国内旅游市场依然呈现高学历趋势。其中大专及其以上有 24.97 亿人次，初中及以下有 10.82 亿人次，高中程度的旅游人次最少，为 8.56 亿人次。而从我国高学历人群区域分布来看，他们主要集中在东部发达的城市群内，这也成为我国休闲度假旅游市场得以快速发展的根本原因之一。

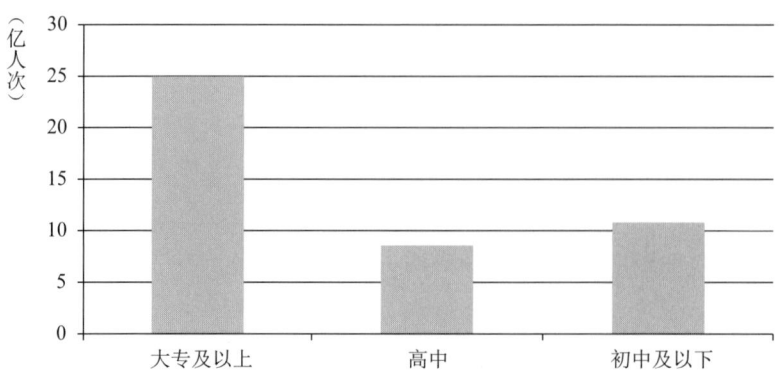

图 2-10　国内游客教育背景分布

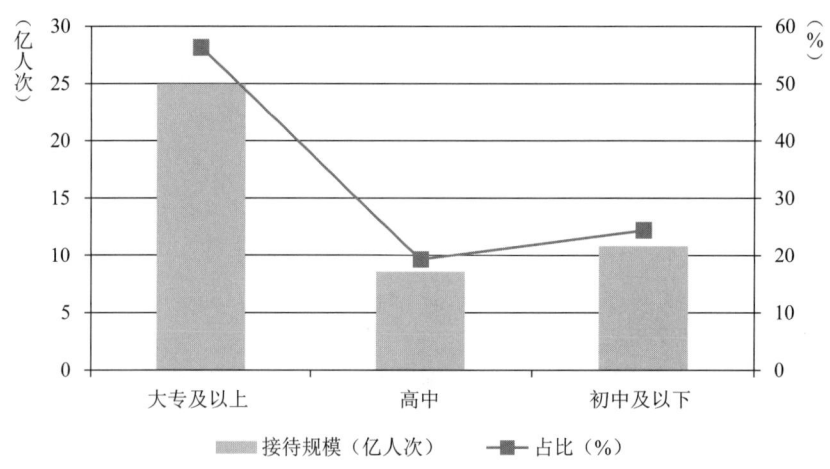

图 2-11　国内游客不同教育背景占比情况

由于我国城乡二元结构仍然严峻,教育水平差异较大,图 2-12 显示了我国国内游客教育程度在城乡中的差异分布。其中,城镇居民大专及其以上人次最多,为 20.77 亿人次;而农村居民中国内游客人数最多的是初中及以下教育程度的游客,为 4.87 亿人次,说明我国城乡国内游客的教育水平差异较大。

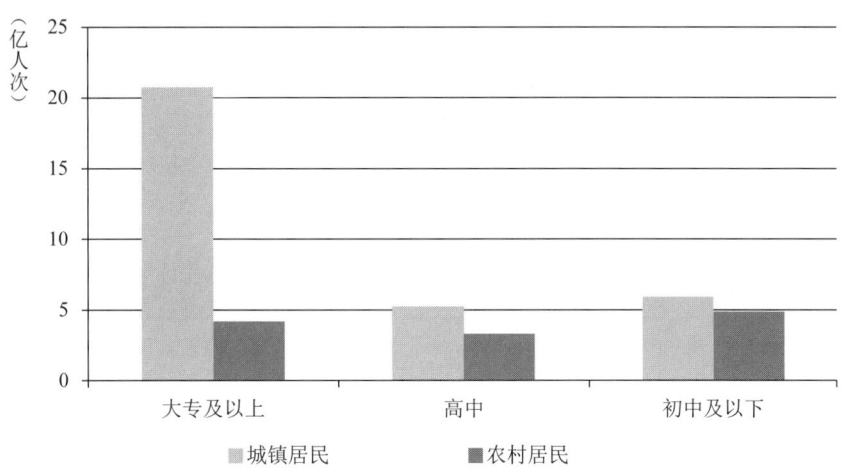

图 2-12 国内游客教育背景分布的城乡差异

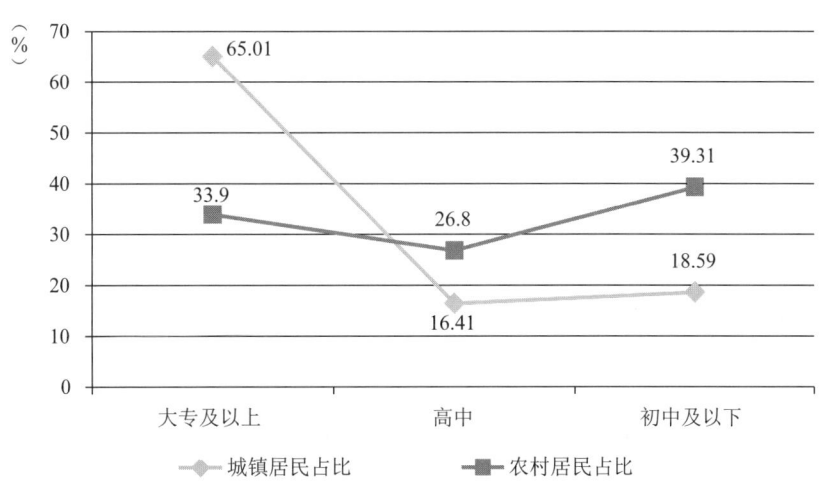

图 2-13 国内游客城乡教育差异占比情况

二、国内旅游出游潜力特征

以前六年相对成熟的旅游客源地潜在出游力研究为基础，沿用 2012 年的指标选择，并更新为 2017 年的数据，综合应用 SPSS 数据分析软件和 ArcGIS 空间分析软件，对 2017 年旅游客源地潜在出游力的区域分异特征进行系统解读。同时，本年度借助 2016 年"五一"小长假、"十一"黄金周和春节黄金周的游客出游统计情况，对客源地潜在出游力进行权重调整，使在社会经济统计指标基础上计算的客源地潜在出游力更能反映游客的真实出游能力。

将各省（区、市）因子综合得分进行标准化处理，可以得出 2017 年全国 31 个省（区、市）的客源地潜在出游力得分，得分介于 0~1 之间，得分越高表征居民出游潜力越大；反之，得分越低表明居民出游潜力越小（表 2-1）。

表 2-1 2017 年各省（区、市）客源地潜在出游力得分及排名

省（区、市）	潜在出游力得分	排名	省（区、市）	潜在出游力得分	排名
上海	1.0000	1	陕西	0.3496	17
北京	0.9801	2	山西	0.3183	18
江苏	0.8562	3	内蒙古	0.2981	19
广东	0.8136	4	江西	0.2835	20
浙江	0.7502	5	黑龙江	0.2647	21
山东	0.7149	6	云南	0.2532	22
福建	0.6654	7	吉林	0.2489	23
天津	0.6189	8	海南	0.2254	24
湖南	0.5848	9	广西	0.1952	25
河南	0.5509	10	贵州	0.1936	26
湖北	0.5175	11	新疆	0.1561	27
河北	0.4715	12	甘肃	0.0934	28
辽宁	0.4478	13	宁夏	0.0793	29
四川	0.4053	14	青海	0.0542	30
重庆	0.3952	15	西藏	0.0000	31
安徽	0.3691	16			

表 2-2 近几年各省（区、市）客源地潜在出游力排名对比

省（市、区） \ 年份	2017	2016	2015	2014	2013	2012	2011	2010
上海	1	1	2	3	2	2	1	2
北京	2	2	1	1	1	1	2	1

第二章　国内旅游市场特征
Chapter 2　Characteristics of China Domestic Tourism Market

续表

省（市、区）\年份	2017	2016	2015	2014	2013	2012	2011	2010
江苏	3	4	4	4	3	3	5	5
广东	4	3	3	2	4	5	3	3
浙江	5	5	5	5	5	4	4	6
山东	6	6	7	6	6	7	7	8
福建	7	8	9	9	9	9	8	9
天津	8	7	6	7	7	6	6	4
湖南	9	10	13	14	14	15	13	14
河南	10	13	12	12	11	12	12	13
湖北	11	12	10	10	10	10	11	12
河北	12	9	11	11	13	11	10	11
辽宁	13	11	8	8	8	8	9	7
四川	14	15	14	15	12	14	19	10
重庆	15	14	16	19	17	17	16	16
安徽	16	16	17	13	16	16	20	21
陕西	17	17	15	16	15	13	15	20
山西	18	19	19	23	19	18	14	19
内蒙古	19	21	22	21	22	20	18	30
江西	20	22	21	20	21	21	21	18
黑龙江	21	18	18	18	18	19	22	15
云南	22	24	26	26	25	27	26	22
吉林	23	20	20	22	20	22	17	17
海南	24	23	23	17	26	25	23	23
广西	25	25	24	24	24	24	24	24
贵州	26	26	29	29	30	30	29	26
新疆	27	27	25	25	23	23	27	27

25

续表

年份 省（市、区）	2017	2016	2015	2014	2013	2012	2011	2010
甘肃	28	28	28	28	28	29	30	25
宁夏	29	29	27	27	27	26	25	28
青海	30	30	30	30	29	28	28	29
西藏	31	31	31	31	31	31	31	31

（一）区域间潜在出游力均衡化趋势逐渐显现

2017年，客源地潜在出游力在东中西三大区域之间的比例大约为6.3∶2.4∶1.3，相比较长期处于"7∶2∶1"的三级阶梯状分布格局已有所收敛，即我国的客源市场有63%源自东部地区，24%源自中部地区，13%源自西部地区。而从发展趋势来看，东部地区累计潜在出游力所占比重由2010年的70.0%下降到2017年的63.1%，呈现逐年降低趋势。与此同时，中西部地区所占比重在不断升高，累计潜在出游力所占比重由2010年的30.0%提升到2017年的36.9%，区域之间的差距呈现出明显的收敛趋势。

（二）区域尺度——四大经济区出游潜力出现收敛趋势，但仍为出游潜力最强地区

传统的四个高客流产出区域以北京为中心的环渤海都市圈、以上海为中心的长江三角洲都市圈、以广州和深圳为中心的珠江三角洲都市圈以及西南的成渝城市群，仍然是我国高客流产出区域，累计52.4%的出游力集中在上述传统经济区和新兴都市圈，但是相比较2011年的57%已明显下降，反映了四大核心经济区与其他区域之间的客源产出也出现了收敛趋势。

（三）省际尺度——沿海发达城市为出游潜力最强地区

可将全国31个省（区、市）划分为5种潜在出游力类型：①出游力极强地区：上海、北京、江苏、广东、浙江、山东、福建；②出游力强地区：天津、湖南、河南、湖北、河北、辽宁；③出游力较强地区：四川、重庆、安徽、陕西、山西、内蒙古；④出游力一般地区：江西、黑龙江、云南、吉林、海南、广西、贵州；⑤出游力弱地区：新疆、甘肃、宁夏、青海、西藏。出游力较高地区主要分布于我国东部和中部，而出游力较低地区则主要分布于我国西部地区。综合对比近几年三大区域各省（市、区）潜在出游力的排名变化，东部地区依然保持优势地位，但是中西部地区已出现排名交互变化现象，尤其是西部部分省（市、区）已超过中部地区的排名。

三、国内旅游市场消费特征

（一）总体特征

1. 旅游消费升级聚焦品质旅游，"定制游"进入寻常百姓家

定制游成为旅游发展的新趋势。随着收入水平的提高、可自由支配时间的增多，以及旅游频次和经验的提升，人们开始对旅游产品的品质及个性化更加渴望。与传统旅游相比，当下彰显个性化的私人定制游的出现，正不断推动旅游产业转型升级。2017年多家在线旅行服务商推出定制服务，如同程推出了包团定制、超级自由行服务，飞猪推出"定制旅行"，途牛推出定制化养生游产品，携程公布定制旅行2.0版本。

个性化服务时代到来，助推定制旅游增长。携程定制旅行发布的《旅游3.0：2017年度定制旅行报告》显示，2017年成为定制旅游大众化的元年，"私人定制"不再只是有钱人的特权，而是进入普通老百姓家庭。以旅游者为主导、以定制为代表的个性化服务时代到来。最爱定制的人群中，酒店控、吃货、家庭亲子最多；90后的比例已经超越80后；上海人最积极，北京人人均花费最高。

个性化的定制游已成为大众出游的一大选择。携程定制旅行平台数据显示，2017年全国定制需求单量已超百万单，营收增长超200%。共有来自1658个地方的用户选择定制游，目的地覆盖了141个国家。北上广深一线城市依然是定制游的主力用户所在地，而二三线城市的增长幅度已经超过一线城市。

2. 自由行仍然是主要出行方式，自驾游、乡村游持续升温，助推全域旅游发展

国内自驾游、乡村游等旅游形式持续为出游常态，自驾成为旅游出行的主要交通选择。中国旅游研究院与中国电信联合进行的2017年国庆中秋长假乡村游调研显示，近7成的游客选择自驾的方式到乡村旅游。随着旅游消费的升级，游客更加注重出行的便捷和舒适性，自驾出游已成为国人周边度假的首选出行方式，2017年驴妈妈平台自驾游人次同比增长超四成。

乡村旅游已成为城乡居民日常和节假日常态化的消费方式，经中国旅游研

究院与中国电信联合测算，2017年国庆期间全国乡村游游客人数达2.16亿人次，较2016年增幅6成（2016年1.29亿人次）。国庆期间乡村游中，跨省市出行比重达45.32%，过夜人次占比63.46%，一次旅行花费约为1310元（含汽油费、行前购物等）。受访的40.13%的游客表示每月到乡村旅游一次。广东省、江苏省、四川省、湖南省是乡村游的主要客源地。

3. 旅行需求更加多元，研学旅行、体育旅游、养生旅游呈现较快增长

研学旅行的市场热度持续上升。在国民收入不断提高与休闲消费兴起的背景下，随着素质教育的理念深入人心与人口政策的放开，在自上而下的政策催化，以及旅游产业跨界融合的浪潮下，研学旅行市场需求不断释放。在市场迅猛增长的需求驱动下，研学旅行行业内部出现了更为丰富的市场主体，在消费多元化与升级提质需求的驱动下，研学旅行产品的丰富化、标准化、立体化、创新化等方面都存在着极大的提升空间。

中国旅游研究院、北京人生远足国际教育文化发展集团联合发布的《中国研学旅行发展报告》显示研学旅行消费需求后劲可期。据调查，约3/4的受访者表示了解研学旅行，80%左右的人表示对研学旅行很感兴趣，六成左右的受访者参加过研学旅行。从参加研学旅行的意愿调查来看，70%的人期望旅行时长是6~10天，人均花费能接受在3000~10 000元的所占比例达88%，64%的人认为目前市场上的研学旅行产品能满足需求。各区域主要热门旅游城市如北京、上海、广州、深圳、成都、沈阳、武汉、西安等愿意参与研学旅行的比例基本达到70%以上。

体育旅游正在蓬勃发展。随着2022年北京冬奥会脚步的日益临近，国人对体育赛事的热情越发高涨。在"全民健身"、大众化休闲消费的背景之下，体育旅游正蓬勃发展。途牛旅游网监测数据显示，2016年预订体育旅游线路的人数同比上涨150%。但仍然有近半数的用户，还未听说过体育旅游。户外游是最受欢迎的体育旅游类别，占到整体产品的75%；其次是体育观赛游，占到15%。

境外观赛型体育旅游和参赛型体育旅游成为了近年来的新亮点。2017年英超联赛期间，途牛推出"英超荣耀之旅"专题活动，用户可参观英超百年球场，进入神秘的球员更衣室，亲自坐上主教练席，参加英超传奇球星见面会等，吸引了大批英超球迷。

养生旅游成市场新热点。中国人口结构的老龄化发展和现代都市生活造成

的亚健康状态，使得集放松身心、休闲体验、健康保健于一体的养生旅游成为市场新热点。"健康中国2030"规划纲要的敲定，为旅游、养生、养老等产业的实质性发展吹来一股强大东风。

温泉游成冬季养生主流。途牛旅游网监测数据显示，立冬以来，温泉游产品预订出游人次同比上涨36%。每年11月份至次年2月份是温泉度假消费需求的旺季。从温泉线路预订人群来看，用户年龄层呈现出"两极分化"的特征，预订人群主要以60岁以上爸妈游客用户以及25~35岁的都市白领为主。年龄分布在35~50岁的客群因"上有老，下有小"，预订相关产品以带孩子或携父母全家出游为主。

生态养生游强势崛起，引领全民养生新高度。途牛旅游网调研结果显示，超过6成以上的用户对融入自然的户外摄影、探险等生态养生游项目表现出了浓厚的兴趣，生态养生游正迎来黄金发展阶段。

4. 特色旅游产品逐渐普及，"极地旅游""气候旅游"等广受游客青睐

极地旅游近年来在中国呈现出了爆发式的增长。根据国际南极旅游组织协会统计数据，2016年中国已成为全球第二大赴南极旅游客源地，仅次于美国，从2008年的不足100人次到2016年的3944人次，增长了40倍。

飞猪发布的《中国极地游热点报告》显示，极地游游客年轻用户、女性用户占主流，长三角是最大客源地。近两年大热的极地游，在消费者特征上出现了明显的"新面孔"，年轻消费者成为主力军。46%的南极游客是80后，这一年龄段游客在北极游中更高达70%。女性游客在南极游中占比58%，在北极游中占比64%，均高于女性在整体旅行用户中的平均占比。在去极地旅游上，长三角游客最具探索精神，上海出发的游客在南极游和北极游中均占比高达63%，远超北京和中国香港出发的游客。

避暑旅游、冰雪旅游等气候旅游产品发展迅速。中国每年夏季有超过3亿的避暑游人群，避暑游市场需求旺盛，产业价值不断凸显，已成为大众旅游暑期档的重要支撑。居民出游避暑意愿强烈。中国旅游研究院和中国气象局公共气象服务中心联合发布的《2017年中国城市避暑旅游发展报告》显示2017年避暑游呈现出大众化向全民化迈进的趋势，"家庭游"是夏季避暑游的主要形式，"上山""下海""入草原"是避暑游产品的主要载体。报告显示，长春、烟台、贵阳、安顺、昆明为"最佳避暑旅游城市"，太原、哈尔滨、青岛、延安、西宁为"最具潜力避暑旅游城市"。

大众观光和休闲度假并重的中国特色冰雪旅游发展模式初步形成。中国旅游研究院和途牛旅游网联合发布的《中国冰雪旅游发展报告（2017）》显示2016—2017年冰雪季我国冰雪旅游市场规模达到1.7亿人次，冰雪旅游收入约为2700亿元，我国已经成为冰雪旅游大国。冰雪旅游成为高消费旅游新业态，2016—2017年冰雪季，我国冰雪旅游人均花费1577.2元，人均停留天数为2.6天，是国内旅游人均花费（888.2元）的1.78倍。家庭游和情侣游是冰雪旅游的主力军，分别占比37%、17%。

（二）区域旅游消费水平差异

1. 2017年四大区域国内旅游总收入水平差异

图2-14反映了2017年我国四大区域国内旅游总收入的差异情况。2017年，各区域国内旅游总收入存在明显差异，其中东部地区国内旅游总收入为64 405.48亿元，占全国旅游总收入的43.24%。中部地区和西部地区旅游总收入差距不大，分别为37 126.3亿元和43 918.85亿元，占全国旅游总收入的23.88%和28.25%。同时旅游总收入最少的区域为东北地区，仅为10 036.74亿元，仅占全国旅游总收入的6.46%，与上年相比有所上升。由上述数据可以看出，四个区域的国内旅游总收入都呈现上升的趋势。其中，东部地区凭借良好的区位条件、发达的经济条件、广阔的旅游消费市场、完善的旅游配套设施、便捷的交通条件、丰富的旅游业态等条件，形成国内旅游收入稳居榜首，且遥遥领先的局面。

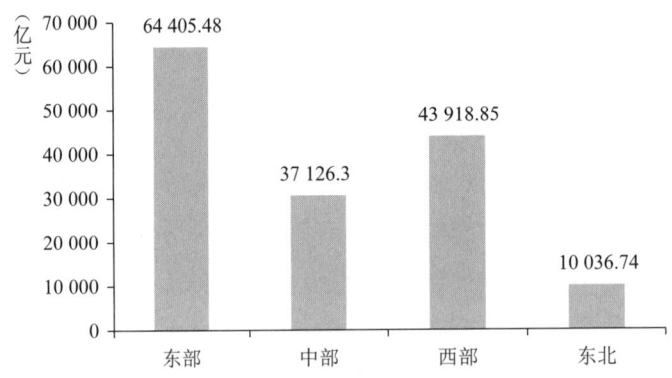

图2-14 2017年四大区域国内旅游总收入

图2-15显示了2017年四大区域旅游收入的增长率，旅游总收入最高的东

部地区的增长率仅为18.19%，西部地区旅游总收入增长率继续保持领先地位，中部次之，分别为31.27%和25.79%，东北地区与2016年的18.49%的平均增长率相比增速有所下降，呈现为17.40%的平均增长率，但仍保持着不断增速的势头。总体上看，中西部地区旅游总收入增长率相对较高，并连续数年持续领先。另外，由于东北地区之前一直注重发展重工业，使其经济收入一直来源于第一产业。近年来，由于国家政策的支持，各级政府及地方官员开始重视旅游这一新兴产业，加大地方政策的出台和资金的投入，整合东北地区旅游资源，分析资源优势，在全域旅游、旅游+、特色小镇、厕所革命等浪潮的推动下，旅游产业在东北地区遍地开花。旅游配套设施的不断完善与升级，加之独特的东北旅游资源以及文化资源，吸引众多旅游者前往体验和享受，从而使得东北地区的旅游收入不断增长，一改之前经济疲软的态势。

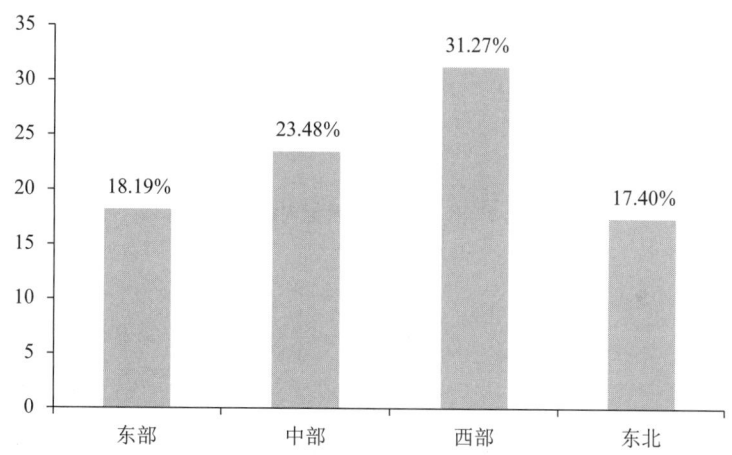

图 2-15　2017年四大区域旅游总收入年平均增长率

2. 2017年四大区域国内接待旅游人数差异

由图2-16可知，2017年我国四大区域接待国内游客人数之间差距较大，其中东部地区接待国内游客数最多，为43.87亿人次；东北地区接待游客数最少，为8.57亿人次；中西部游客接待量差距不大，分别为37.33亿人次和40.77亿人次。从上述数据可以看出我国东部地区的经济优势增强了其接待能力，又加上其交通便利，交通通达性好，且旅游资源丰富，所以东部地区的接待游客数量最多。另外，东北地区因为季节性强、旅游设施不完善、5A级景区较少、五星级酒店配比不足、气候环境、地理位置等原因以及农家乐、民俗旅游等新兴业态不足，导致国内接待人数最少。而西部地区虽然也存在上述原因，但是有特色的旅游资源多、少数民族多、异域风情突出，且人们更倾向于心灵鸡汤之旅，像青海湖、西藏纳木错、林芝，甘肃敦煌莫高窟，新疆阿勒泰以及四川稻城亚丁等地可净化人的心灵，所以西部地区国内接待旅游人数仅次于东部地区。

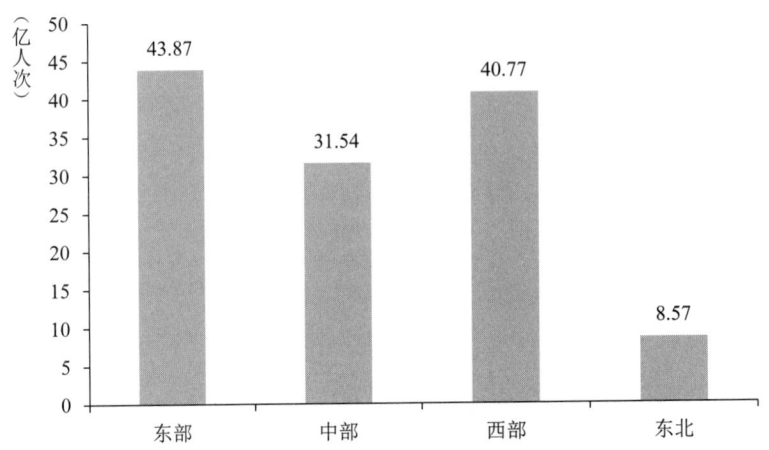

图2-16　2017年四大区域国内接待旅游人数

3. 2017年四大区域国内旅游人均消费水平差异

2017年四大区域国内旅游人均消费仍存在较大差异。其中，东部地区的国内旅游人均消费最高，达到1491.13元。其次是东北和西部地区，国内旅游人均消费分别为1308.65元和1203.22元。而国内旅游人均消费最少的是中部地区，仅为919.01元（见图2-17）。由上述数据可以看出东部地区因其经济发达的优势从而使得国内旅游人均消费水平最高，东北地区次之其主要原因是东北是我国城镇化最高的地区之一，相对居民的消费水平较高，导致在当地旅游的消费者人均消费也高。而中部地区经济欠发达，且旅游业也不发达，所以国内旅游人均消费最低。西部地区近年来旅游市场发展得如火如荼，国家以及当地地区都比较重视当地旅游业的发展，相关政策不断出台，扶持资金不断流入，旅游基础设施不断完善，加之由于独特的地理环境和自然环境，旅游者大量涌入并停留，使其旅游人均消费水平高于中部地区。

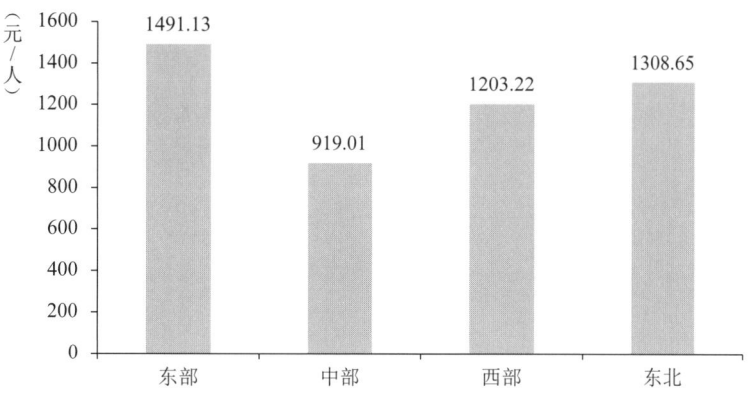

图 2-17　四大区域国内旅游人均消费

四、国内旅游市场行为特征

（一）城镇居民旅游市场行为特征

1. 休闲度假游是城镇居民首选

2016 年，我国国内城镇居民的旅游动机依然以休闲度假为主，占 30.1%；其次是观光游览，占 29.5%；再次是探亲访友，占 22.1%；商务出差、养生保健疗养、文娱体育健身以及其他旅游目的的游客比例分别为 12.6%、1.2%、2.8%、1.6%。可以看出，我国城镇居民已经走过纯观光游阶段，完全进入休闲度假旅游阶段，这与我国社会经济发展具有较为密切的关系。

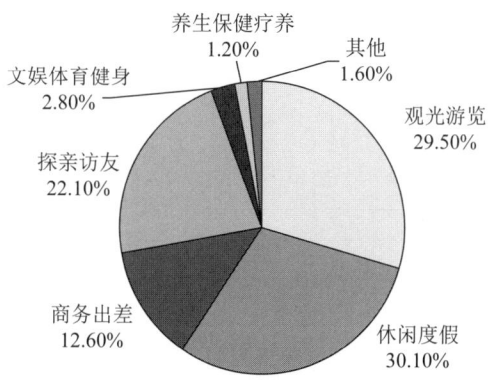

图 2-18　城镇居民国内游客旅游人次按旅游目的分类

按旅游方式分，图 2-19 显示了城镇居民游客中旅行社组织的团队游客占 5.5%，散客占 94.5%。这说明了城镇居民倾向于自由行，而不是跟团游。这跟居民的消费意识和消费方式发生改变有关；同时，与国内旅游交通系统越来越发达也有关。

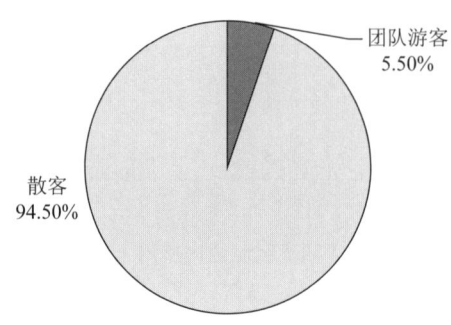

图 2-19　城镇居民国内游客旅游人次按旅游方式分类

2. 城镇居民旅游消费水平较高，且消费结构相对均衡

我国城镇居民 2016 年人均花费约 1115.2 元。按旅游目的分，商务出差的游客人均花费最高，达 1703.2 元；观光游览人均花费 1240.2 元，探亲访友人均花费 849.4 元，休闲度假人均花费 1024.7 元，养生保健疗养人均花费 915.7 元，文娱体育健身人均花费 706.7 元，其他旅游目的人均花费 854.5 元。休闲度假是城镇居民最倾向的出游目的，但其花费并不是最多的，反而是商务出差的人均花费最多，这说明我国城镇居民出游意愿与实际花费的不匹配，这与我国的国情有关。我国经济水平逐年提升，但居民的整体消费能力仍然不高。

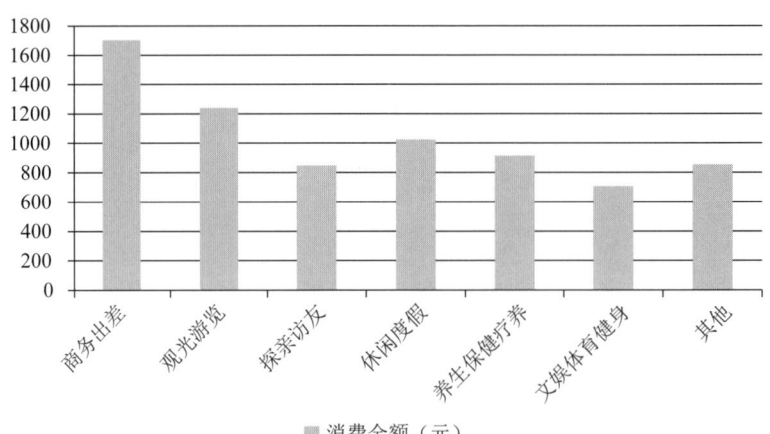

图 2-20　城镇居民国内游客出游人均花费（按旅游目的分）

按旅游方式分，旅行社组织的游客人均花费1779.5元，非旅行社人均花费1072.1元。旅行社组织的游客人均花费与2015年相比有所下降，但非旅行社人均花费的增长幅度不是很大。其原因主要是高铁、动车的大量投入运行，高速公路的不断拓宽与修建，使一小时旅游圈的空间范围不断扩大，所以非旅行社组织的自驾游、自助、散客的出行人数增加，从而造成旅行社组织的游客人均花费下降，但非旅行社组织的出游时间以一日游为主，因此非旅行社人均花费的增量不是很大。

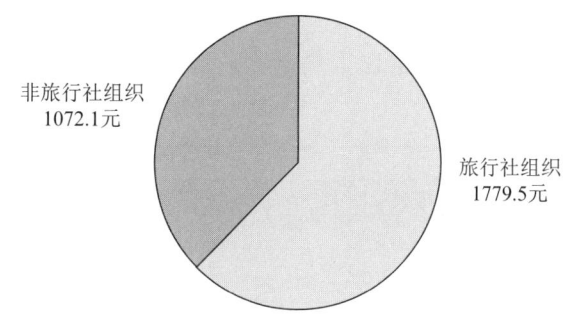

图2-21 城镇居民国内游客每次出游人均花费（按旅游方式分）

图2-22显示了城镇居民散客的花费构成情况是：交通费占比最高，为34.3%；住宿费占17.7%，餐饮费占26.0%，购物费占12.3%，景区游览费占6.1%，其他费用占3.5%。这几项花费中交通和餐饮占据了总体花费的一半以上，其中餐饮费超过住宿费说明居民更愿意在吃上花费更多的资金，对住宿要求不高。

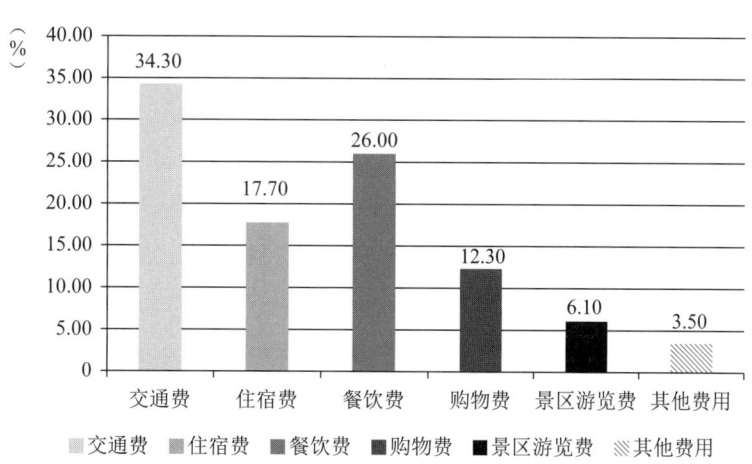

图2-22 城镇居民散客出游花费构成

3.青少年游客更偏向休闲度假娱乐，中老年游客更偏向探亲访友及观光游览

图2-23描述的是不同年龄段城镇居民出于不同旅游目的出游人次的对比，各个年龄段出游目的大致相同，都较为集中，都更倾向于观光游览的旅游目的；其次是休闲度假的出游目的，再者是探亲访友和商务出差的目的，而出于文娱体育健身和养生保健疗养目的的旅游人数最少。具体来看，在观光游览方面，14岁及以下游客所占比重最高，所占比例为40.7%；其次是65岁以上的游客，所占比例为40.2%；再次是45~64岁阶段的游客，所占比重为30.1%；25~34岁以及15~24岁之间的游客所占比重最低，分别为25.7%和27.7%。

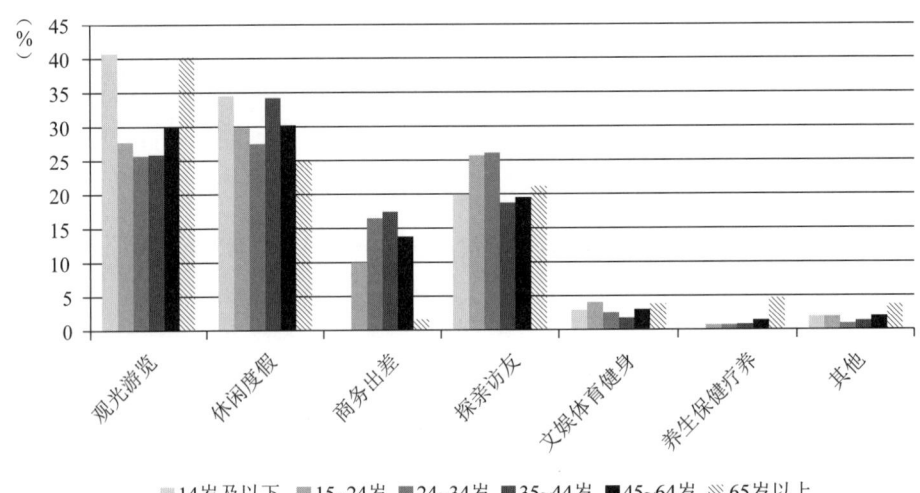

图2-23 不同年龄段、不同旅游动机的城镇居民出游游客构成

（二）农村居民旅游市场行为特征

1.探亲访友游和观光游览游是农村居民出游最喜欢的两种方式

从农村居民出游目的来看，探亲访友所占比例最高，占到29.3%；其次是观光游览，占到21.8%；再者是休闲度假，占到20.7%。其余几个目的的旅游人数所占比重都很低，其中商务出差占18.1%，健康疗养占1.7%，文娱体育健身占1.7%，其他占6.6%。

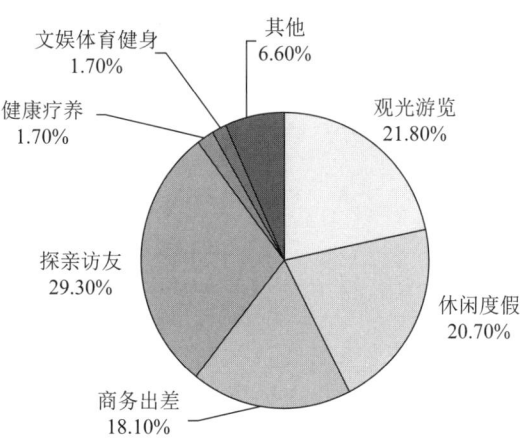

图 2-24　不同出游动机的农村居民游客构成

在农村居民出游人次中，旅行社组织的团队游客占 3.6%，散客占 96.4%。散客占据绝大部分，说明农村居民也倾向于自由行，不太愿意跟团游。

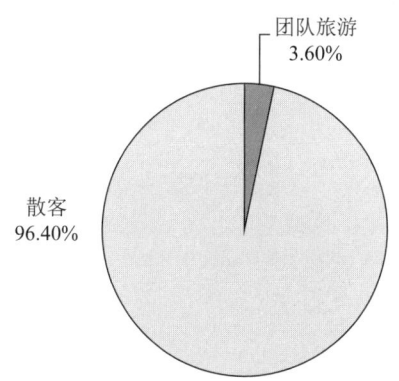

图 2-25　不同出游方式的农村居民游客构成

2. 农村居民旅游消费水平较低，观光游览人均花费最高

2016 年农村居民人均消费水平约为 671.7 元。按旅游目的分，观光游览的游客人均花费最高，达 918.4 元；商务出差人均花费 639.3 元，休闲度假人均花费 749.2 元，探亲访友人均花费 509.4 元，健康疗养人均花费 727.8 元，文娱体育健身人均花费 517.3 元，其他旅游目的人均花费 479.45 元。观光游览的旅游人数虽然只占整体人数的 21.8%，但人均花费却是最高的。

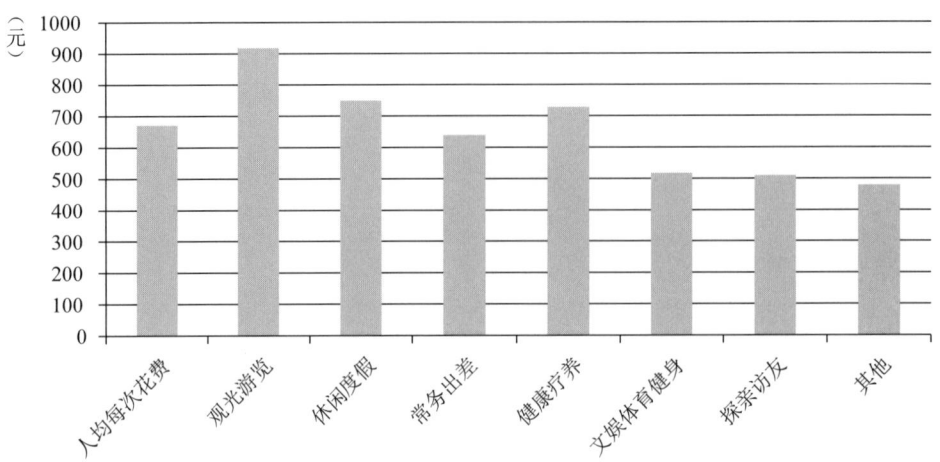

图 2-26　不同动机的农村游客出游花费

从出游方式来看，农村居民游客中旅行社组织的游客人均花费 1356.9 元，非旅行社人均花费 645.9 元。旅行社组织的游客花费是非旅行社组织的游客花费的两倍多。

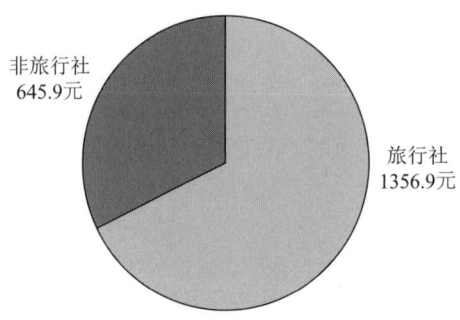

图 2-27　不同出游方式的农村居民游客出游花费

图 2-28 显示了农村居民散客出游的花费构成情况是：交通费占比最高，为 31.6%，住宿费占 13.0%，餐饮费占 27.2%，购物费占 16.8%，景区游览费占 6.40%，其他费用占 5.00%。

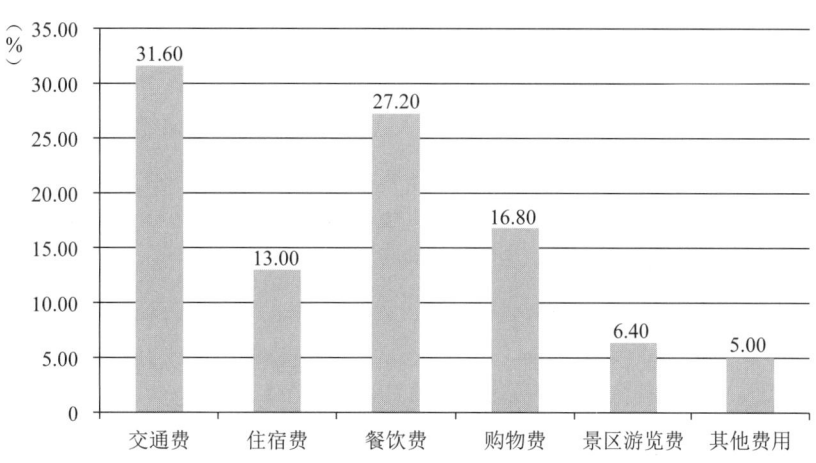

图 2-28 农村居民游客旅游消费结构

3. 青少年偏向于观光游览、休闲度假和探亲访友，老年人探亲访友的比例较高

图 2-29 描述的是 2016 年不同年龄段农村居民出于不同旅游目的出游人次的对比，各个年龄段出游目的集中在度假休闲娱乐、观光游览和探亲访友三个目的，但趋势没有城镇居民集中，且老年人探亲访友的比例较高。

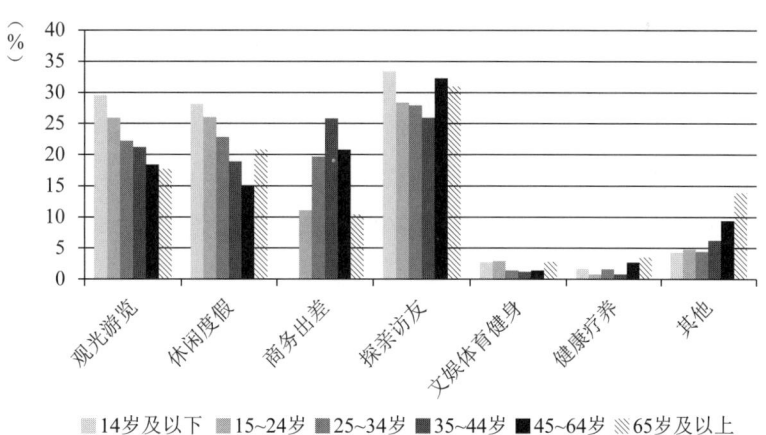

图 2-29 农村居民不同年龄段不同旅游目的旅游人次构成

将城镇居民和农村居民出游的行为特征进行对比后发现，在出游目的上，城镇居民度假休闲娱乐游是首选，农村居民观光游览是首选，相同点是度假休闲、观光游览和探亲访友均排在前三位。在出游方式上，城镇居民和农村居民都更倾向于以散客的方式进行，跟团游的人数很少。二者对比，农村散客在总体中所占的比重要高于城镇散客，但差异很小。

从人均花费上来看，城镇居民和农村居民都在交通费和餐饮费上花费较多，值得一提的是农村居民购物费在所有花费中的比重要高于城镇居民的购物费比重，住宿费在所有花费中的比重低于城镇居民的住宿费比重，说明二者的消费意识仍存在差异。在出游目的上，城镇居民和农村居民最大的区别在人均花费最高方面，农村居民是观光游览的游客人均花费最高，而城镇居民是商务出差的游客人均花费最高。在出游方式上，无论是城镇居民还是农村居民，都是跟团游花费要高于散客花费，且是散客花费的两倍之多。

从不同年龄段来对比城乡旅游市场行为特征发现，每个年龄段对旅游目的的偏好是相同的，都偏好度假休闲娱乐和探亲访友的出游目的，但农村居民的趋势走向没有城镇居民集中。无论是城镇居民还是农村居民，都倾向于本地游，异地游的比重较低。

（三）旅游者旅游行为的区域差异

1. 国内旅游偏好更注重休闲享受

2017年，随着全域旅游的深入全面发展，旅游消费结构不断升级，消费者更注重体验和休闲，追求个性化、品质化旅游产品。同时，旅游对周边产业带动效应明显，呈现出全域旅游特征，中国迈入全域旅游时代。下面本报告将分析在旅游过程中，旅游六大要素"食住行游购娱"在区域间的差异。

旅游餐饮偏好趋向于火锅。看一地风土人情，品一地特色美食，是旅游的重要组成部分，甚至有些游客志在品尝地方美食。北京烤鸭、成都串串香、长沙臭豆腐等地方特色美食餐饮店受到游客的青睐。除此之外，"火锅"因家文化的凝聚，逐渐成为全国游客都爱的美食。美团点评选取北京、上海、深圳、广州、成都、杭州等地热门餐厅关键词，发现"火锅"在不同区域的城市热门餐厅排名中均排名靠前，其中，成都排名前十的餐厅都与火锅有关。同时，住酒店点外卖正在成为新的旅游消费潮流。据统计，2017年上半年来自酒店游客的外卖订单金额同比增长168%，在所有外卖中，送往酒店的外卖订单占比9%。

旅游住宿偏好趋向于非标住宿。在全域旅游发展的宏观背景下，住宿趋向品质化、个性化，高星酒店发展快速，而作为非标品的民宿也越来越多地受到旅游者的青睐。从省份来看，高星酒店数量广东、江苏、浙江排名最靠前，长三角和珠三角分布密集。而民俗以其高性价比、私密性和极具特色的服务，更符合家庭出游、朋友欢聚等多人多天的个性化住宿需求。从美团点评大数据来看，2017年上半年民宿订单量同比增长31%，民宿正在成为游客出游的住宿新选择。

旅游交通偏好趋向于自驾。旅游交通是旅游目的地经济发展的重要推动力，是人们顺利出行的保证。随着国民旅游观的不断升级，个性化、品质化的旅游产品受到追捧，旅行者倾向于自己安排时间、酒店、车辆来获得独特的旅游体验。据统计，目前我国国内游中自驾游比例超过60%，成为短途旅行的主要交通方式。长途旅行中，火车、飞机仍然是最主要的交通方式，人均单价方面也有较快增长。美团旅行数据显示，相对2016年同期，2017年起火车票、机票业务增速稳定。其中，火车票订单量在2017年持续保持81.6%增幅，国内机票则保持17.5%的增速。

旅游出游偏好趋向于三大都市群。珠三角、长三角、京津冀三大都市群是我国最富活力的地区，消费能力也最强。在旅游市场上，三大都市圈的客源占比超过总客源的四成，成为旅游市场最核心的客源地。其中长三角占比最大，高达17%。随着全域旅游的发展，"旅游+"带动城市相关产业的发展，一些商圈也成为旅游的重要去处。如北京的王府井、三里屯，上海的南京路、迪士尼，成都的宽窄巷子、春熙路，成为外地游客最热衷游览的商业圈子。美团发布的《中国全域旅游消费趋势报告》显示，热门旅游目的地云南、海南、成都TOP商圈中，云南的大理古城、束河古镇，海南的大东海度假区、三亚湾，成都的宽窄巷子、春熙路深受游客喜爱。

旅游购物偏好趋向于特色商品。在旅游过程中，男性的购物欲望远低于女性，目前女性的购物行为日渐趋向于理性化。同程旅游显示，目前女性旅游者优先购买的旅游商品已不再是化妆品和名牌包包。据大数据显示，用于赠送亲友的土特产和旅游纪念品是旅游者优先购买的商品，二者的购买频次分别为61.93%和37.33%。女性对于名表、珠宝等贵重商品的购买频次仅为5.04%。

旅游娱乐偏好趋向于个性化主题乐园。2017年上半年，主题乐园、大型游乐场、水上乐园等品类的主题公园项目保持着高达19.8%的订单占比，在各种全域旅游订单中排名第一，且线上增速明显。数据显示，大型游乐场的订单量增速高达77%。分景点来看，上海迪士尼乐园稳居全国第一，欢乐谷表现不俗，在前五中排名前三。其他差异化主题乐园如恐龙、海洋、东方、冰雪、探险等主题乐园也快速发展。

2. 出游后的满意度

随着大众旅游时代的到来，旅游景区、旅游企业之间的竞争也越发地激烈，顾客满意度是影响企业生存与发展的重要因素。现代旅游景区的经营策略也应当转移到以提高游客满意度为重点的方向上来。游客满意度是衡量城市旅游发展的重要指标之一，掌握和控制游客满意度的影响因素对城市旅游发展和管理越来越关键。

由旅游界发布的 2016 年游客满意度报告中的 20 098 条游客评价中，满意度达 75%。

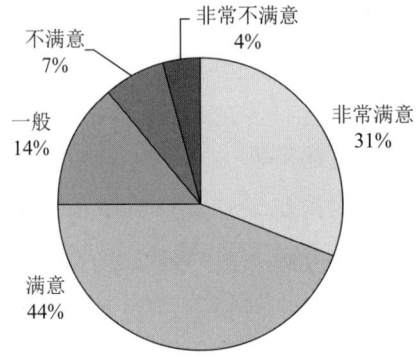

图 2-30　国内游客满意度

由中国旅游研究院调查的数据可得，2017 年东部地区的旅游满意度达 7.70，中部地区的旅游满意度达 7.55，西部地区的旅游满意度达 7.44。区域间的差别不大，但省际之间的差别较大。重庆的满意度最高，为 8.22；吉林的满意度最低，为 6.71。

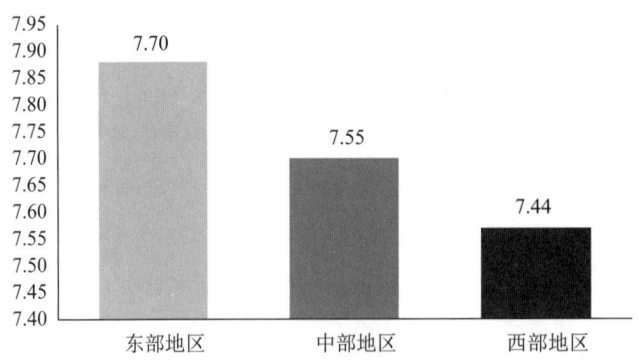

图 2-31　区域间游客满意度差异

（四）旅游者旅游行为的新趋势

1.景区信息获取途径多样，旅游攻略网站推荐成主流

据艾瑞咨询显示，在了解国内旅游景区途径方面，旅游攻略网站的推荐以54.50%的占比位居榜首；其次，是亲朋推荐，占比44.2%；再次，是在线旅游预订网站推荐，占比42.9%。旅游攻略网站及在线旅游网站的推荐更为专业和丰富，亲朋推荐更为真实，因此成为用户的主要信息来源。

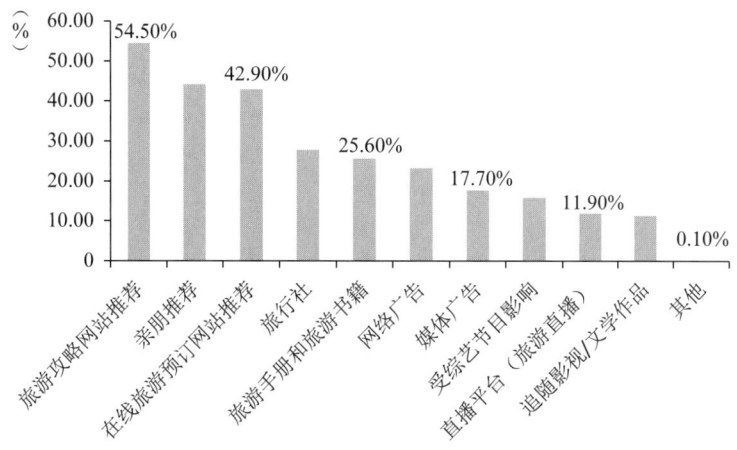

图 2-32　2017 年中国旅游用户了解国内旅游景区的途径

数据来源：2017年中国景区旅游消费研究报告

同时，伴随着"互联网+"概念的不断深入和线上平台的不断整合及营销的深入，未来线上分销的趋势越来越明显。调研结果显示，景区用户未来在预订门票渠道选择方面，在线旅游网站以69.7%的占比依然位于首位，同时通过其他渠道预订门票的用户占比有所增长，这与各方共同努力加大宣传力度密不可分。

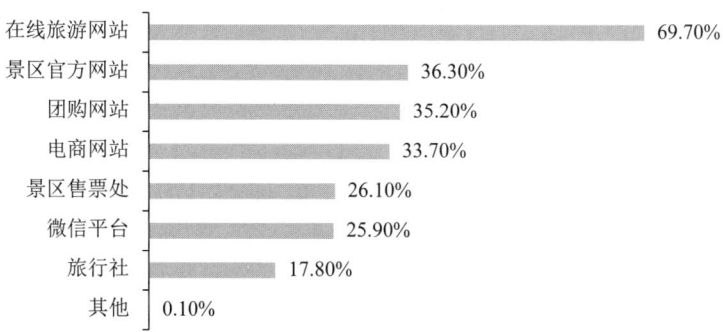

图 2-33　2017 年中国旅游用户未来预订国内景区门票渠道选择

国内旅游景区随着互联网的发展及游客结构、需求的变化，及时调整营销策略，并取得优异的成绩。据艾瑞咨询统计，旅游攻略网站的推荐占比将会持续上升，在新旅游网站的预订也会持续上升。"互联网＋旅游"的旅游景区营销模式更适合现代旅游消费者的碎片化需求，使他们能够根据自身需求获取相关信息，有效地安排旅游活动。

2. 旅游用户出游常态化，私人定制最活跃

抽样调查结果显示，2017年国内旅游人数达50.01亿人次，增长率为12.8%。据艾瑞咨询统计，2017年中国旅游用户游览国内景区平均频率如下：每周一次占比2.4%，两周一次占比7.7%，一月一次占比21.3%，一季度一次占比33.9%，半年一次占比24.0%，一年一次占比10.7%。由此可见，旅游用户出游呈现常态化。据携程定制旅行近日发布的《旅游3.0：2017年度定制旅行报告》获悉，2017年成为定制旅游大众化的元年，"私人定制"不再只是有钱人的特权，而是开始进入普通老百姓家庭。我国旅游业进入3.0时代——以旅游者为主导、以定制为代表的个性化服务时代。最爱定制的人群，有独自出行者、朋友情侣、家庭出行者，而酒店控、吃货、家庭亲子最多；90后的比例已经超越80后；上海人最积极，北京人人均花费最高。

个性化的定制游已成为大众出游的一大选择。携程定制旅行平台数据显示，2017年全国定制需求单量已超百万单，营收增长超200%。共有来自1658个地方的用户选择定制游，目的地覆盖了141个国家。北上广深一线城市依然是定制游的主力用户所在地，而二三线城市的增长幅度已经超过一线城市。定制游作为一种听起来高端大气上档次的旅行方式，在价格上其实越来越便宜，因为多家供应商相互竞争，降低了旅游者的价格门槛。携程定制旅行平台数据显示，从全国范围来看，2017年国内定制游人均消费约3200元，同比下降20%。2017年最爱定制游的前十城市——上海、北京、深圳、广州、南京、杭州、成都、武汉、西安、重庆。北京的定制游人均消费最高，为4913元；成都的人均消费最低，为4288元。

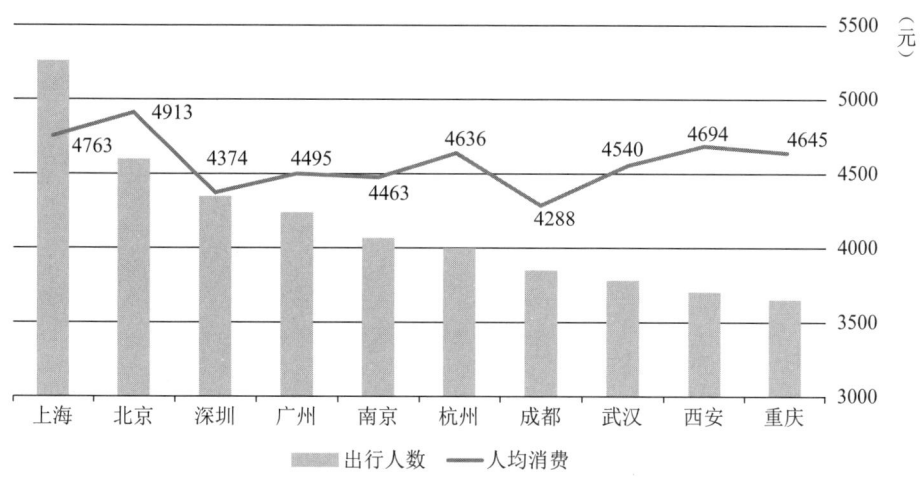

图 2-34　2017 年定制游出发城市排名及人均消费

定制出行需求中家庭出游占比高达八成，成为定制主流人群。30~45 岁的中年人更愿意为定制"埋单"，其中带父母出行占到了 28%，带孩子出行占到了 38%。在定制师有针对性的服务下，满足三代同游的产品也越来越丰富，占 14%。亲子游和带父母的家庭出游选择定制游的占比总和高达 80%。老年人和小孩对定制师的要求最为严苛。80、90 后是定制游的中坚力量，占比分别为 30.65%、30.82%。90 后的比例已经超越 80 后排名第一。

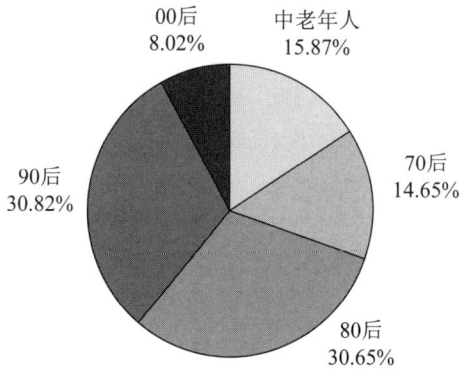

图 2-35　2017 年定制游客群年龄分布情况

数据来源：携程大数据

3. 在线旅游自助游成主流，景区非标住宿受欢迎

2017年在线旅游市场交易规模达7106.9亿元，增长率为20.4%。随着全面建成小康社会的推进，旅游已经成为人民群众日常生活的重要组成部分，旅游业已成为国民经济发展的战略性支柱产业。2017年中国在线度假国内游用户以国内游为主，占62.6%，其中国内短途游需求突出。在出游特点上，国内游用户出游方式以自助游为主，占66.9%。2017年中国在线度假国内游用户最近一次出游，景区住宿选择民宿的比例为33.1%，排在首位。用户入住民宿的首要因素是民宿房屋有特色，其次是深入体验当地文化以及性价比高，特色、文化、性价比成吸引用户入住三大主因。

在非标准住宿市场中，有一个特别的细分领域正在快速成长，就是景区民宿。所谓景区民宿，就是指位于景区周边1公里内或景区内部、用户可步行抵达景区的非标准住宿单位，包括普通民居、客栈、别墅、四合院等非公寓类的住宿形式。目前，景区民宿市场呈现出两大特点：首先是从景区民宿的选址方面来看，房东选址偏好靠近自然风景类和休闲度假类景区。蚂蚁短租与劲旅咨询联合发布的《中国景区民宿市场研究报告2017》显示，有31.0%的房东选择在自然风景型景区附近开民宿，29.6%选择休闲度假类。另一大特点是，2015年以来景区民宿数量增速非常快，2016—2017年为景区民宿集中爆发期，数据显示，2015年开业的景区民宿占比为14.2%，2016年和2017年占比分别为38.7%、35.3%。从景区民宿房东群体来看，在经营景区民宿的房东中女性比例略高于男性，年龄构成以41~50岁占比最高，为32.1%，学历以大学专科/本科为主。在经营景区民宿的房东中，月盈利1万元以上的占到12.9%，43.1%的房东经营民宿收入占个人总收入比例在20%以下。很大一部分房东仅将民宿作为一项副业经营，并非全职投入，故经营民宿收入占房东个人总收入比例偏低。

第三章
国内旅游产业发展特征

一、2017年旅游目的地空间结构特征

（一）旅游景区指数

1. 目的地景区指数不断提升

为了研究国内旅游的产生和发生机制，本报告选择了各地区的5A和4A景区作为核心旅游吸引物进行研究。

江苏省5A级旅游景区数量居于全国第一，共有23家。从全国5A级景区的区域分布来看（图3-1），其次进入5A级旅游景区前五名的其他省（区）为浙江、河南、新疆、四川和广东。而天津、内蒙古、青海、上海、西藏和宁夏的5A级景区规模相对最小。总体来看，在综合考虑区域面积、国内旅游市场规模后，地方旅游业发展与5A级景区数量具有很强的正相关性，尤其是国内旅游收入更是如此。

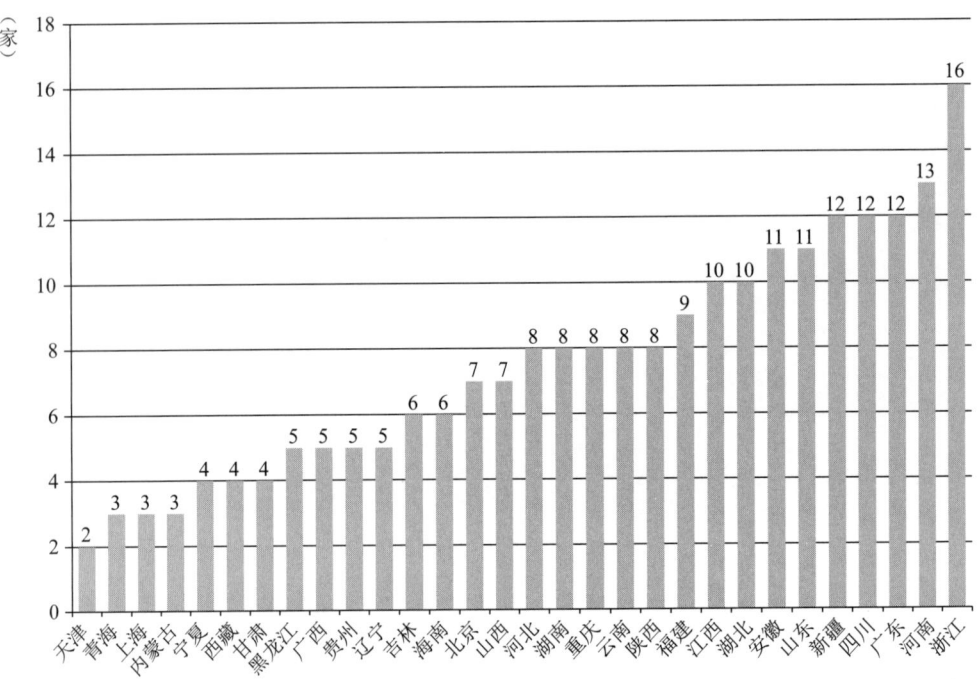

图3-1　2017年各省（区、市）5A级旅游景区数量

从 2017 年 4A 级景区的区域分布来看，全国 4A 级旅游景区最多的省份为山东，有 214 家。其次进入 4A 级旅游景区排名前五位的其他省份为四川、浙江、广东、安徽和江苏。可以看出，西藏、海南、青海、宁夏和天津的 4A 级景区规模相对最少。

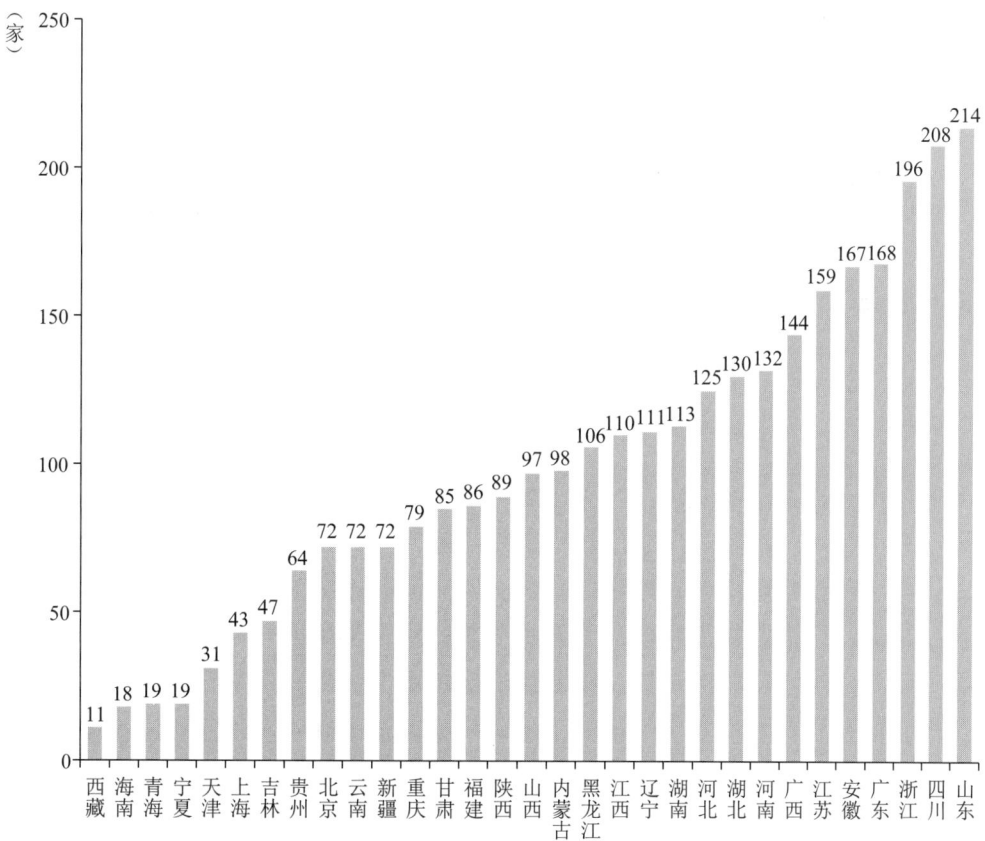

图 3-2　2017 年各省（区、市）4A 级旅游景区数量

将 5A 级景区和 4A 级景区数量进项标准化，构建各地区旅游景区指数。由图 3-3 可以看出，景区指数最高的五个省份分别为山东、四川、浙江、江苏和广东。景区指数最低的五个省（区、市）分别是西藏、青海、宁夏、海南和天津。

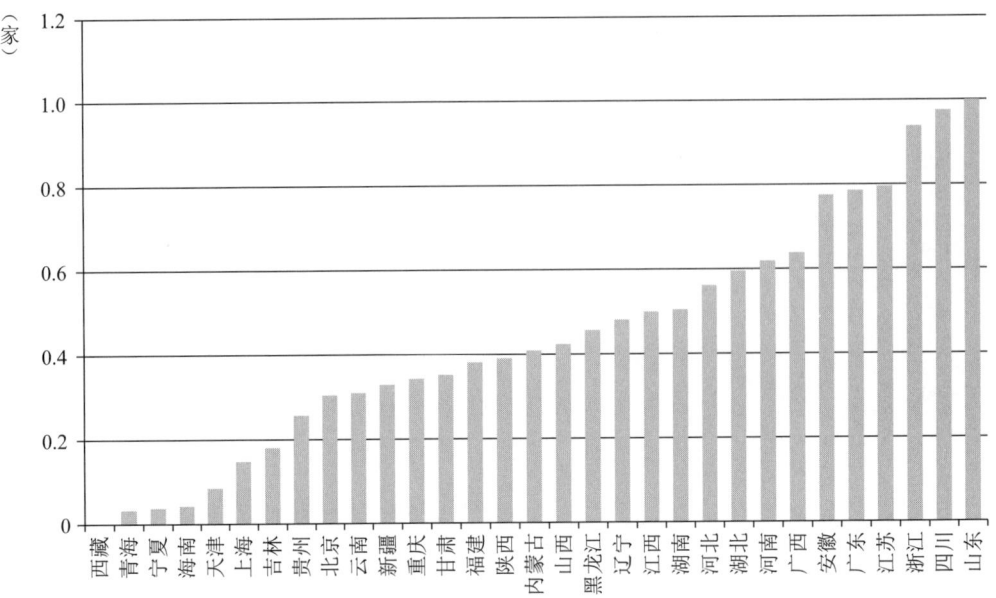

图 3-3 各省（区、市）景区指数排名

2. 景区动态化管理成常态，提升地方景区指数

按照《旅游景区质量等级管理办法》，结合 2017 年春节黄金周期间游客集中投诉、反映的问题，全国旅资委对部分 5A 级旅游景区进行了核实检查。2017 年 2 月 25 日，国家旅游局对云南省丽江市丽江古城景区、黑龙江省牡丹江市镜泊湖景区、辽宁省大连市老虎滩海洋公园·老虎滩极地馆 3 家 5A 级旅游景区作出严重警告处理决定，这标志着 5A 级景区动态化管理已成常态。检查发现有少数景区存在管理弱化、服务退化、设施老化、环境恶化等严重问题，有的景区在旅游安全、环境卫生、服务质量、市场秩序、环境保护等方面出现严重隐患或不达标情况。其中，云南省丽江市丽江古城景区存在的问题主要是：游客投诉率长期居高不下，游客人身财产安全事件频发，古城内原住居民与旅游经营人员矛盾突出，景区产品质量下降，旅游设施品质退化等。黑龙江省牡丹江市镜泊湖景区存在的问题主要是：景区周边黑车拉客现象严重，高等级厕所缺失，旅游厕所数量严重不足，游客服务中心无旅游服务，景区标识标牌陈旧破损，游客投诉多等。

为深入推进厕所革命，督促旅游景区提升旅游服务和环境质量，2017 年 4 月起，全国旅资委以厕所质量、环境卫生等为重点，结合游客投诉和媒体报道，对全国部分 5A 级景区进行了检查复核。2017 年 5 月 26 日，国家旅游局在浙江义乌对全国景区"厕所革命"整治情况进行了通报，对厕所革命严重滞后的河南省南阳市西峡伏牛山老界岭·恐龙遗址园旅游区、青海省青海湖景区 2 家 5A 级旅游景区给予严重警告处理；并公布了各省级旅游部门对天津七里海湿地旅游区等 10 家 4A 级景区予以摘牌的处理决定（被摘牌处理的 10 家景区：天津市七里海湿地旅游区、河北省石家庄市联邦·空中花园景区、甘肃省兰州市五泉山公园景区、福建省南平市邵武瀑布林生态旅游景区、福建省厦门市翠丰温泉旅游区、江西省景德镇市得雨生态园、山东省费县中华奇石城景区、广东省佛山市三水温泉景区、四川省成都市海宁城商贸旅游区、贵州省贵阳市红枫湖旅游景区）。被处理景区存在的主要问题包括：厕所革命滞后，数量不够，分布不合理，保洁不及时，存在脏乱差现象；景区管理人员服务意识不强，景区内部交通接驳、游客服务中心、标识标牌、信息化建设、安全管理等达不到标准要求。

从地域来看，东北地区的整治力度仍然较大，2017 年有 2 家 5A 级景区被严重警告；西部地区多个省份对 A 级景区进行审核和整改，云南省和青海省对 2 家 5A 级景区进行严重警告处理，甘肃省、四川省、贵州省对 3 家 4A 级景区进行摘牌处理；东部沿海地区的山东省、浙江省、福建省和广东省整治力度较大，浙江省对 5 家 4A 级景区予以集中处理和通报，山东省、福建省和广东省共对 4 家 4A 级景区进行摘牌处理；中部地区的整治力度相对较小，江西省率先进行整治。

为了全面掌握 A 级景区管理和服务情况，多地旅游管理部门制订了详细的景区集中整治行动方案。景区自查，旅游景区质量等级评定机构组织检查，组织专家、媒体暗访检查等方式多管齐下。以浙江省为例，浙江省旅游局按照省政府的部署要求，根据《旅游景区质量等级划分与评定》标准、《旅游景区质量等级管理办法》及《浙江省旅游度假区考核办法》的有关规定严格对标，全面完成对全省 A 级旅游景区、旅游度假区的考核，对 5 家 4A 景区进行集中处理和通报。旅游景区品质"大考"侧重旅游环境整治成效、公共配套设施完善、旅游产品和业态丰富、管理服务功能优化等重点问题考察，也是历年来标准最严苛、程序最严格的一次考核。

国家旅游局相关负责人表示，国家旅游局将继续加强对 A 级景区的监督检查，健全完善 A 级景区动态管理机制，坚持 5A 级景区进出有序、动态管理、加大事中事后监管力度，推进景区安全、质量、秩序常态化监管，督促指导各类旅游景区不断提升管理服务水平，使5A级景区始终保持环境优美、服务周到、品质上乘、游客满意的旅游品牌。

（二）旅游接待能力指数

2017年，江苏、广东、浙江分列国内旅游收入前三位，山东、江苏、贵州分列接待旅游人次前三位，宁夏、云南、贵州国内旅游收入增幅最大，内蒙古、广东、吉林国内旅游人均消费最高。

1. 各省（区、市）国内旅游收入差距较大，呈现东多中少、南多北少的格局

旅游收入由旅游接待人数确定，是确定国内旅游目的地的重要指标，易受各地区旅游业创造价值的能力的影响。本节研究了2017年各省份国内旅游收入在空间上的分布特征，以及与2016年相比的发展演变趋势。

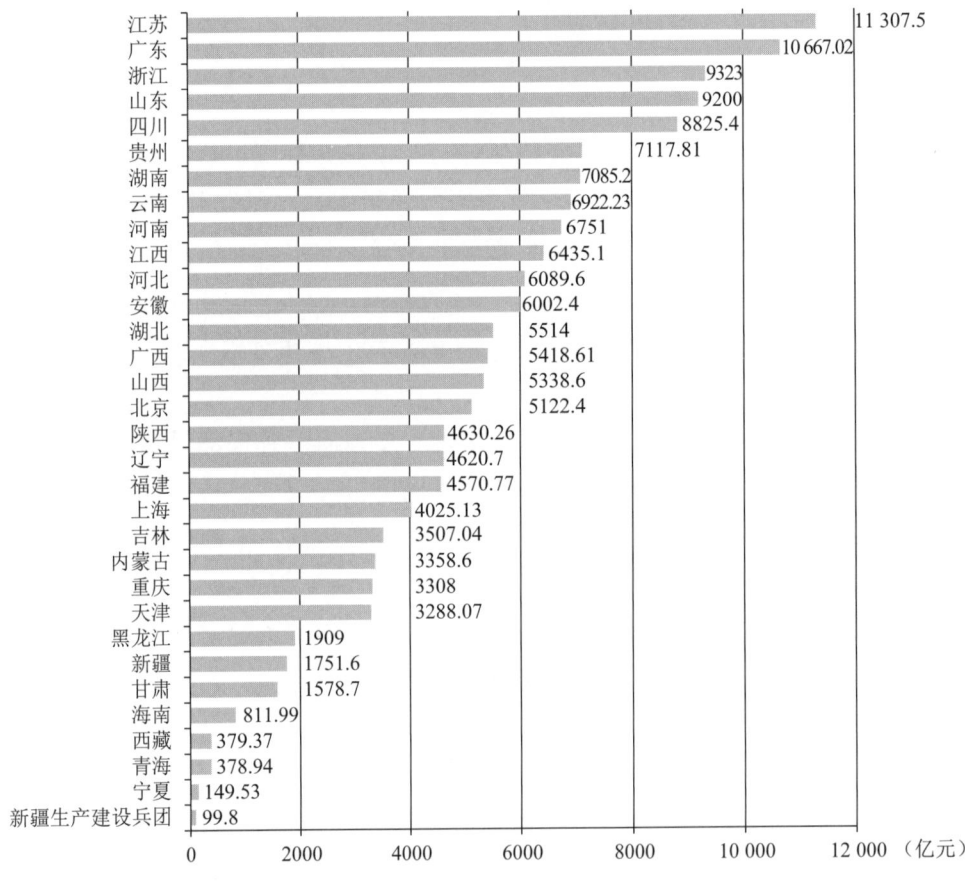

图 3-4　2017 年各省（区、市）国内旅游总收入

第三章 国内旅游产业发展特征
Chapter 3 Characteristics of China Domestic Tourism Industry

从图 3-4 可以看出，2017 年各省（区、市）国内旅游收入存在较大差距，江苏省以 11 307.5 亿元超越广东，跃居第一。此外，广东、浙江、山东、四川四省国内旅游收入超过 8000 亿元。新疆生产建设兵团、宁夏、青海、西藏、海南的国内旅游收入处于较落后的排名，旅游收入不足 1000 亿元。其中新疆生产建设兵团旅游总收入为 99.8 亿元，占全国旅游总收入的 0.064%，占江苏省旅游总收入的 0.88%。

2017 年各省（区、市）之间的国内旅游收入的增长速度不均衡，国内旅游收入增长率最高的是宁夏，年增长率为 54.33%；云南省居其后，增长率为 46.46%；位居第三位的贵州省，增长率为 41.6%。总体来看，2017 年各省（区、市）国内旅游收入均有所增加，无负增长情况。

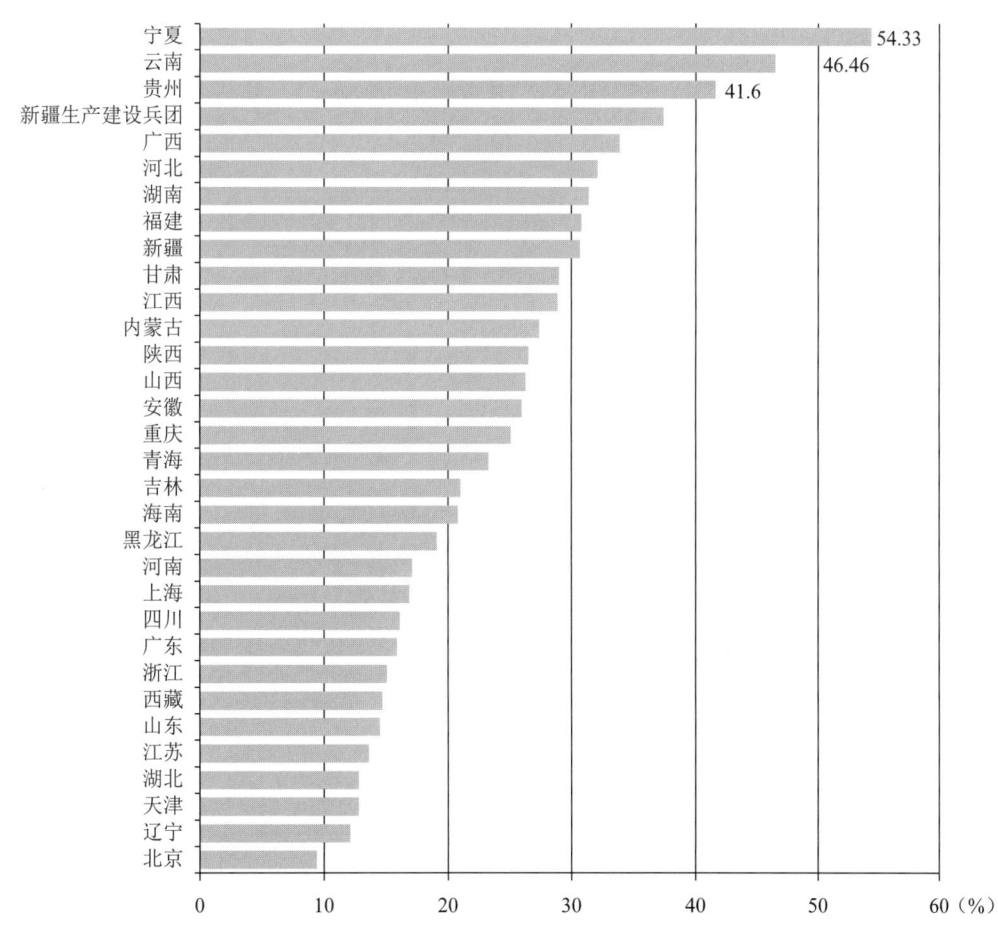

图 3-5　2017 年各省（区、市）国内旅游收入增长率

2017年，各地区国内旅游收入如图3-6所示，东部地区以74 442.22亿元的国内旅游收入稳居区域首席，而中部地区的国内旅游收入仅有37 126.3亿元，是东部地区的1/2。中部地区历史文化资源丰富，但自然资源相对缺少，再加上政府、地方居民对历史文化遗迹的保护程度不足、开发力度不够，相对应的配套设施有待完善等一系列问题，使其国内旅游收入相对处于劣势。

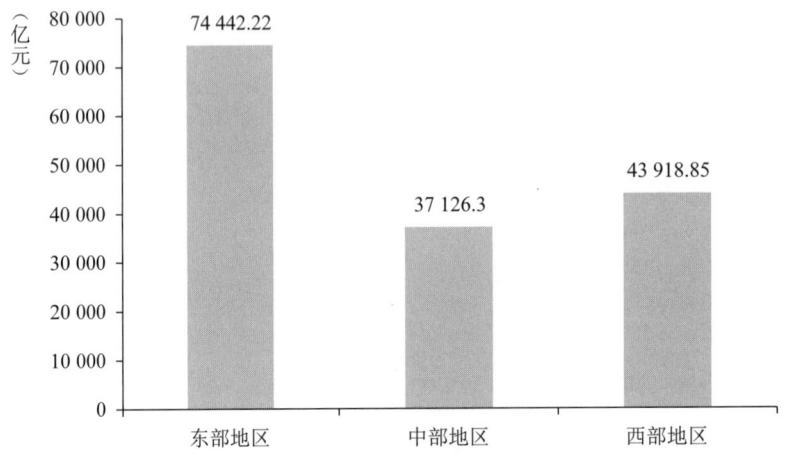

图3-6 各地区国内旅游收入情况

2.各省（区、市）接待国内游客人数差距明显，呈现东多中少、南多北少的格局

由图3-7可以看出，2017年我国各省（区、市）国内接待游客人数差距较大，其中山东省以7.8亿人次位居全国榜首，第二名和第三名分别是江苏省和贵州省，接待国内游客人数分别为7.43亿和7.11亿人次。宁夏、新疆生产建设兵团、西藏、青海、海南接待游客数量最少，均不足1亿人次。

由图3-8可以看出我国各省（区、市）之间在旅游接待增长率上差距较大。其中增长率最快的是宁夏回族自治区，国内游客接待人数增长率高达41.71%。贵州省和云南省的增长率位于第二、第三名，其增长率分别为40.00%和33.29%。增长率最低的省（市）为北京、四川和上海，增长率均不超过8%，分别为4.4%、6.2%和7.5%。

第三章 国内旅游产业发展特征
Chapter 3　Characteristics of China Domestic Tourism Industry

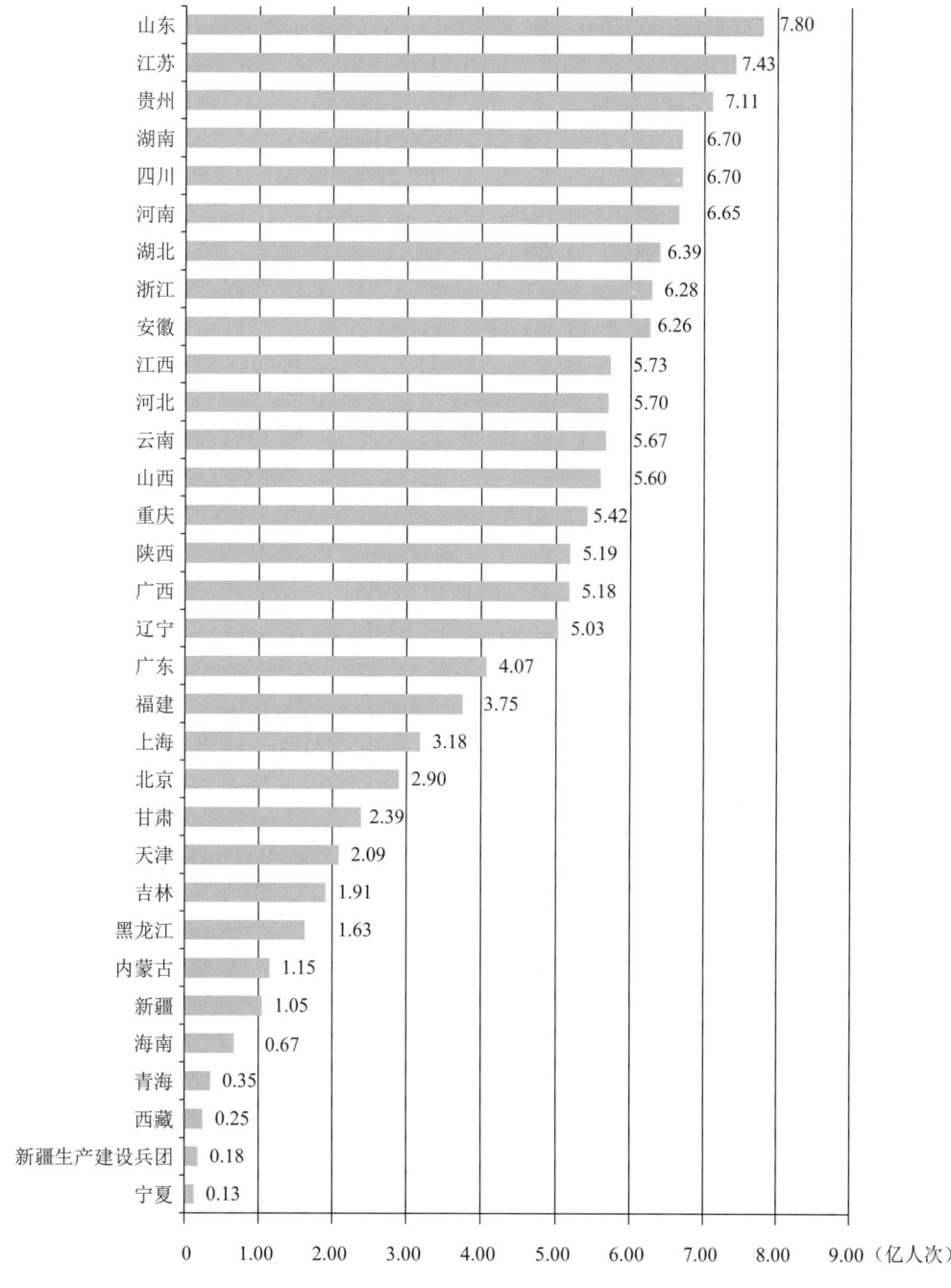

图 3-7　2017 年各省（区、市）国内旅游接待规模

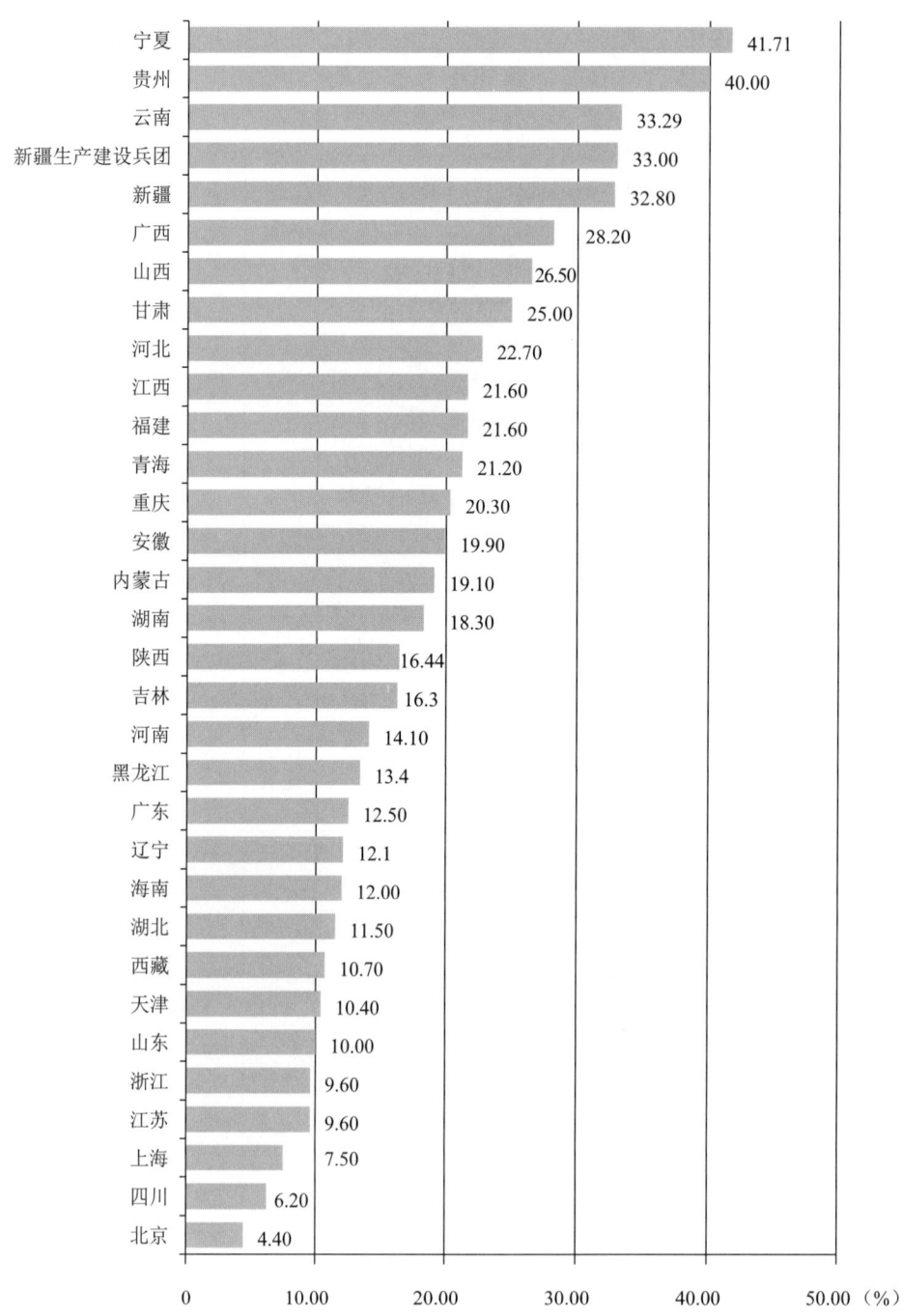

图 3-8 2017 年各省（区、市）国内旅游接待人数增长率

由图 3-9 可以看出来，各区域间旅游接待量存在着较大差异，东部地区凭借接待 52.44 亿人次的游客量而位居榜首，而中部地区游客接待量最少，仅有 37.33 亿人次，呈现出东多中少的游客接待量的格局。

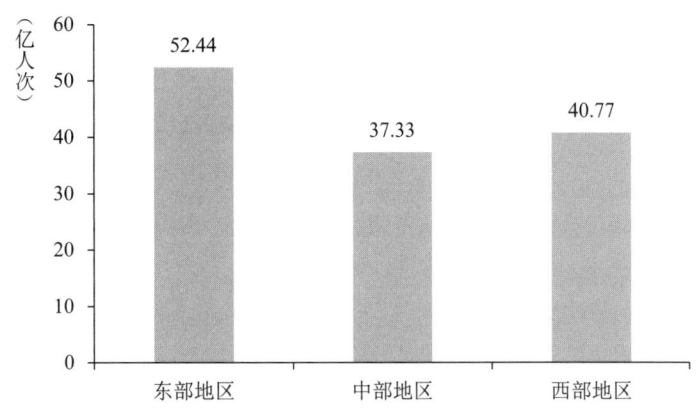

图 3-9　各地区国内旅游接待量

3. 目的地旅游消费水平与当地整体物价呈现正相关关系

国内旅游人均消费指标是由国内旅游收入除以国内旅游人次之后得出，反映了国内旅游每人次的消费额，是反映各地区旅游业创造价值能力的重要指标。本节主要研究 2017 年国内旅游人均消费在空间上的分布特征。

图 3-10 反映了我国各省（区、市）国内旅游人均消费差距。2017 年内蒙古的国内旅游人均消费仍位居全国第一，其国内旅游人均消费达到 2920.52 元。国内旅游人均消费超过 1000 元的省（区、市）数量增长为 24 个，包括内蒙古、广东、吉林、北京、新疆、天津、江苏、西藏、浙江、四川、上海、云南、福建、海南、山东、黑龙江、宁夏、江西、青海、河北、湖南、广西、河南和贵州。

2017 年各地区的国内旅游人均消费地理分布，并不像国内旅游接待人数或国内旅游收入一样表现出明显的中、东、西分布的特征。其中，经济发达的京津地区和长江三角洲地区旅游人均消费最高，国内旅游规模较小的新疆、西藏和内蒙古等边疆地区旅游人均消费较高，而传统旅游大省（区、市）中重庆和甘肃等人均消费则相对较低。

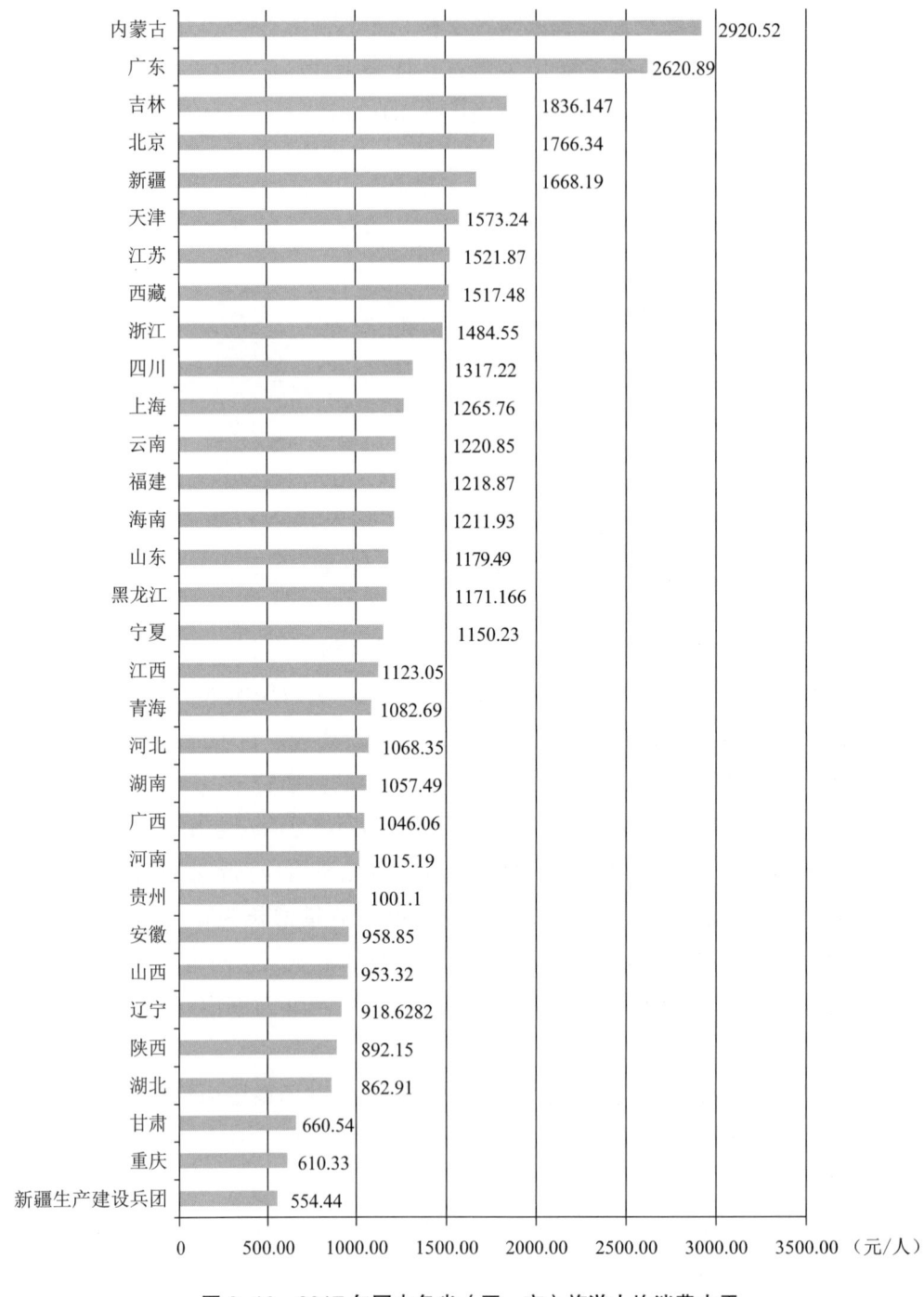

图 3-10　2017 年国内各省（区、市）旅游人均消费水平

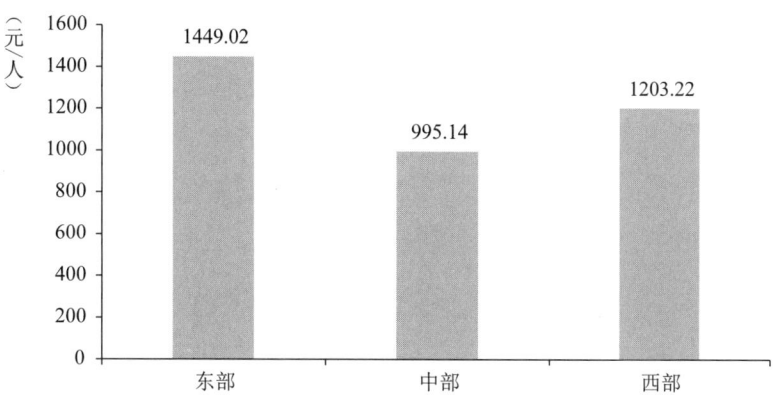

图 3-11 各地区国内旅游人均消费水平

（三）星级酒店发展指数

1. 各地区高星级饭店数量情况中部最少

2017 年，从我国各省（区、市）高星级饭店数量排名来看，总体呈现东多西少的格局。其中五星级饭店数量最多的省份为广东、江苏和浙江三省，分别为 108 家、84 家和 79 家。四星级酒店中，数量最多的是浙江省和江苏省，分别为 167 家和 155 家，广东省和山东省紧随其后，均开有 141 家四星级酒店。西藏、宁夏、青海等西部省（区、市）高星级酒店较少，其中五星级酒店数量均不超过三家，四星级酒店的数量分别为 22 家、33 家和 36 家。

表 3-1 2017 年各省（区、市）五、四星级饭店数

省（区、市）	5星级（家）	4星级（家）	饭店指数	省（区、市）	5星级（家）	4星级（家）	饭店指数
北京	63	125	0.65	河南	29	85	0.31
天津	15	34	0.11	湖北	23	87	0.33
河北	21	119	0.43	湖南	18	64	0.23
山西	15	54	0.18	广东	108	141	0.91
内蒙古	10	36	0.09	广西	10	84	0.26
辽宁	26	70	0.29	海南	24	38	0.17
吉林	3	33	0.05	重庆	28	51	0.23
黑龙江	6	45	0.11	四川	28	102	0.41
上海	71	67	0.48	贵州	6	55	0.14

续表

省（区、市）	5星级（家）	4星级（家）	饭店指数	省（区、市）	5星级（家）	4星级（家）	饭店指数
江苏	84	155	0.85	云南	19	73	0.26
浙江	79	167	0.87	西藏	2	22	0.01
安徽	23	100	0.38	陕西	15	45	0.15
福建	48	120	0.56	甘肃	2	65	0.16
江西	13	95	0.31	青海	2	36	0.06
山东	29	141	0.54	宁夏	0	33	0.04
新疆	12	57	0.13				

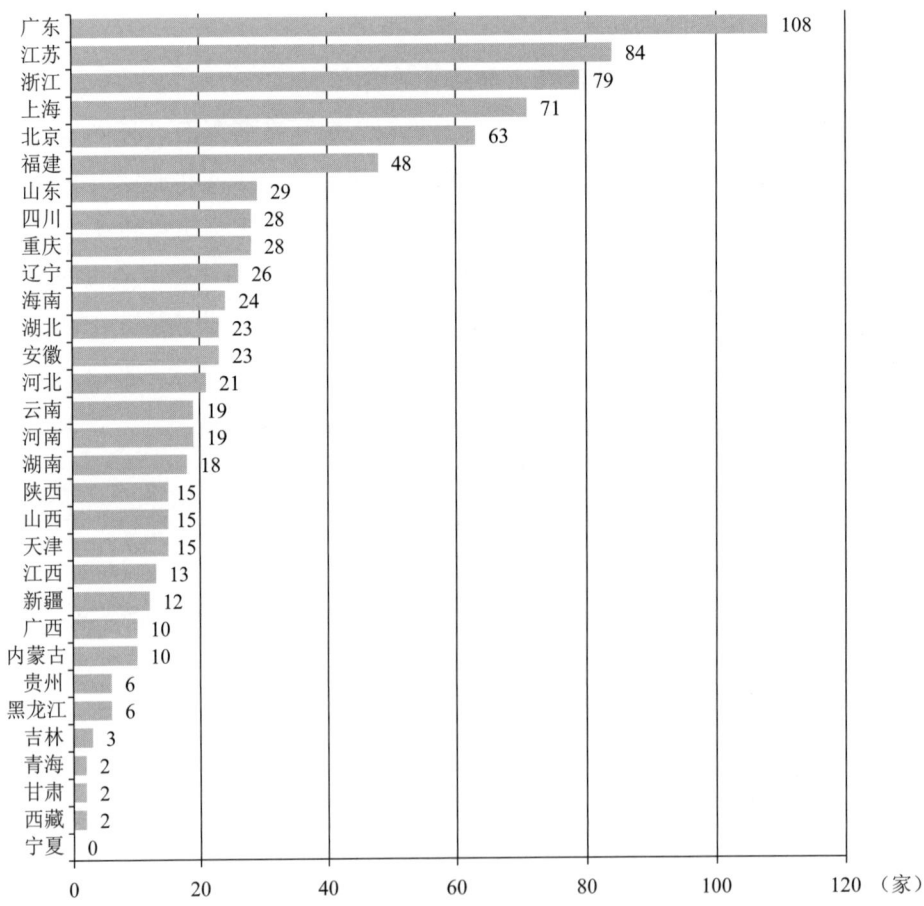

图 3-12　全国各地五星级酒店分布情况

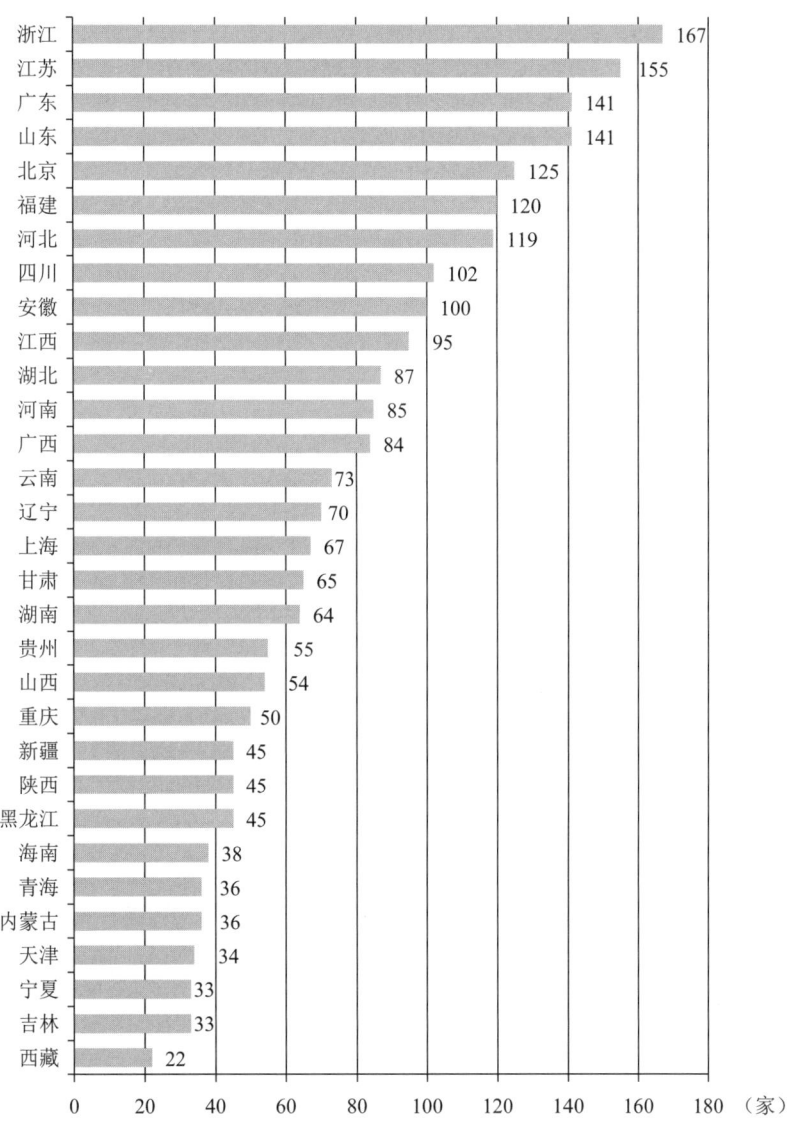

图 3-13 全国各地四星级酒店分布情况

从区域星级饭店数量的发展趋势来看（图 3-14），东部、中部和西部的星级饭店数量在 2013 年到 2015 年整体呈下降趋势，直到 2016 年才均有所增加，但 2017 年星级饭店数量又呈现下降的趋势。其中东部地区的饭店数量最多，为 4644 家，占全国星级饭店数量的 47.51%；西部地区次之，饭店数量为 3192 家，占全国星级饭店数量的 32.65%；中部地区的饭店数量最少，为 1939 家，占全国星级饭店数量的 19.84%。

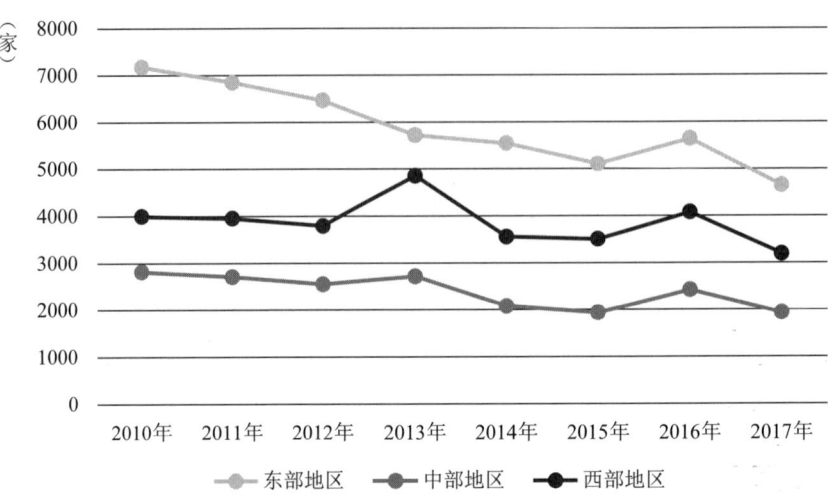

图 3-14 区域星级饭店数量发展趋势

从区域星级饭店在全国的占比来看（图 3-15），东部所占比重最大，西部次之，中部所占的比重最小。2017 年区域星级酒店在全国的占比相较于 2016 年整体变化不大，但局部稍有调整。其中，东部地区增长了 1%，而中部地区和西部地区稍有下降，但不足 1%。

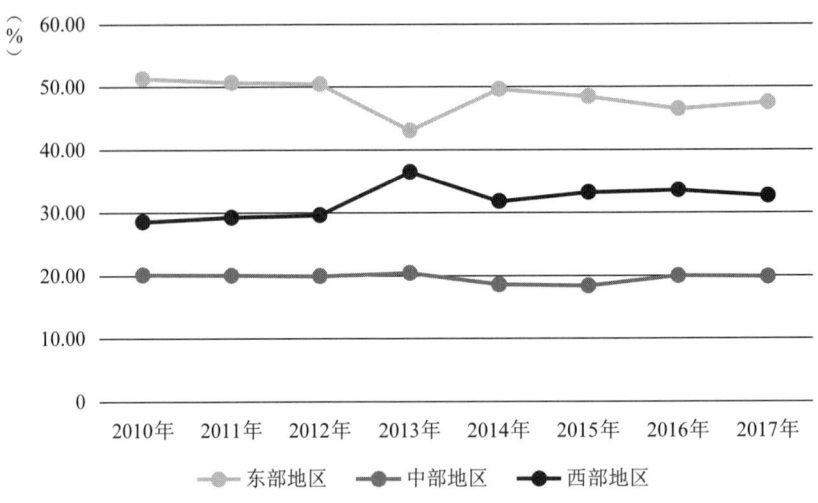

图 3-15 区域星级饭店数量在全国占比

2. 各地区星级饭店经营情况

（1）总体情况

根据2017年第四季度全国星级饭店统计公报，全国星级饭店第四季度平均房价为352.23元/间夜，平均出租率为57.71%，每间可供出租客房收入为203.28元/间夜，每间客房平摊营业收入为39 322.09元/间。

平均房价高于全国平均水平352.23元/间夜的有9个省份，位居全国前6位的为上海、北京、海南、广东、天津和浙江，其中上海最高为737.54元/间夜；平均出租率高于全国平均水平57.71%的有13个省份，位居前6位的为上海、海南、湖南、北京、福建和江苏，其中上海最高为70.59%；每间可供出租客房收入高于全国平均水平203.28元/间夜的有8个省份，位居前6位的为上海、北京、海南、广东、福建和天津，其中上海最高为520.64元/间夜；每间客房平摊营业收入高于全国平均水平39 322.09元/间的有8个省份，位居前6位的为上海、北京、江苏、浙江、广东和福建，其中上海最高为108 096.99元/间。

（2）各省（区、市）分星级情况

表3-2 各省（区、市）星级饭店经营情况

指标 地区	一星		二星		三星		四星		五星	
	平均房价（元/间夜）	平均出租率（%）	平均房价（元/间夜）	平均出租率（%）	平均房价（元/间夜）	平均出租率（%）	平均房价（元/间夜）	平均出租率（%）	平均房价（元/间夜）	平均出租率（%）
全国	89.74	44.15	167.25	52.64	223.79	53.84	335.44	59.58	634.08	63.68
北京	287.85	6.59	304.96	58.29	434.12	60.8	533.66	68.43	854.21	67.85
天津	0	0	300.97	50.48	275.17	52.14	355.27	52.88	590.84	63.45
河北	123.05	50.01	141.11	51.7	212.87	41.33	276.36	48.36	422.92	62.66
山西	0	0	177.35	48.91	225.6	55.92	268.15	50.33	390.29	46.36
内蒙古	0	0	124.62	45.71	203.56	41.97	272.3	48.91	355.48	48.19
辽宁	20	46.3	156.83	43.28	245.96	44.19	284.42	48.8	422.64	51.91
吉林	0	0	219.31	51.25	213.4	45.78	296.22	51.8	517.03	67.67
黑龙江	129.08	57.99	126.32	42.97	183.44	38.03	313.88	45.47	525.44	62.24

续表

指标\地区	一星 平均房价(元/间夜)	一星 平均出租率(%)	二星 平均房价(元/间夜)	二星 平均出租率(%)	三星 平均房价(元/间夜)	三星 平均出租率(%)	四星 平均房价(元/间夜)	四星 平均出租率(%)	五星 平均房价(元/间夜)	五星 平均出租率(%)
上海	0	0	278.32	70.64	388.01	63.46	517.4	70.58	993.67	72.76
江苏	0	0	160.62	56.64	210	60.83	336.33	62.67	540.18	64.92
浙江	127.85	26.79	194.95	52.05	262.38	56.35	374.69	64.99	555.59	59.76
安徽	70.02	65.49	169.61	48.28	176.09	51.98	305.55	55.97	370	64.4
福建	132.81	59.63	193.27	64.05	244.32	63.23	321.54	64.64	539.93	66.53
江西	0	0	136.19	58.12	177.98	51.99	250.05	53.84	368.14	63.31
山东	0	0	146.9	56.16	194.74	53.76	298.72	58.52	570.52	53.4
河南	72.26	29.63	105.43	51.41	180.12	55.24	296.1	53.52	497.47	61.02
湖北	135.99	78.9	214.37	56	212.03	57.22	299.24	60.46	521.64	66.86
湖南	0	0	133.52	64.88	190.67	64.72	293.75	67.94	431.49	66.55
广东	110.13	24.64	214.95	58.59	259.56	59.72	354.72	63.58	669.37	63.91
广西	0	0	111.83	57.15	159.17	55.69	252.61	62.36	458.88	59.21
海南	59.55	42.15	116.57	68.51	132.2	65.96	249.23	75.45	813.6	69.36
重庆	0	0	157.3	45.52	206.99	52.1	332.55	61.29	495.28	66.51
四川	87.6	30.17	163.72	56.47	228.77	55.79	314.67	60.54	574.06	61.31
贵州	94.72	53.61	178.11	53.95	196.75	53.1	305.3	60.73	489.94	56.78
云南	25.27	44.5	91.31	47.44	146.47	50.53	224.76	57.02	418.95	56.07
西藏	432.43	61.67	141.59	56.58	376.33	45.26	367.48	62.46	580.08	33.09
陕西	0	0	156.35	61.4	178.26	55.31	269.11	61.49	519.39	69.43
甘肃	108.31	57.84	161.42	45.98	178.06	43.55	292.66	48.65	503.1	39.57

续表

指标 地区	一星		二星		三星		四星		五星	
	平均房价（元/间夜）	平均出租率（%）	平均房价（元/间夜）	平均出租率（%）	平均房价（元/间夜）	平均出租率（%）	平均房价（元/间夜）	平均出租率（%）	平均房价（元/间夜）	平均出租率（%）
青海	79.51	41.77	123.56	39.83	190.37	34.81	262.85	35.8	415.08	32.35
宁夏	0	0	60.03	48.1	165.94	47.37	259.23	47.81	0	0
新疆	0	0	125.35	39.99	197.32	44.64	261.96	50.63	382.62	50.53
兵团	0	0	120.34	40.12	242.15	49.58	257.19	66.35	0	0

一星级饭店平均房价高于全国平均水平89.74元/间夜的有10个省（区、市），其中西藏和北京的平均房价超过250元/间夜；平均出租率高于全国平均水平44.15%的有10个省（区、市），其中湖北、安徽和西藏平均出租率超过60%。

二星级饭店平均房价高于全国平均水平167.25元/间夜的有11个省（区、市），其中北京和天津的平均房价均高于300元/间夜；平均出租率高于全国平均水平52.64%的有15个省（区、市），其中上海和海南的平均出租率超过65%。

三星级饭店平均房价高于全国平均水平223.79元/间夜的有11个省（区、市），其中北京、上海和西藏的平均房价超过了350元/间夜；平均出租率高于全国平均水平53.84%的有14个省（区、市），其中海南、湖南、上海、福建、江苏和北京的平均出租率超过60%。

四星级饭店平均房价高于全国平均水平335.44元/间夜的有7个省（区、市），其中北京和上海的平均房价超过500元/间夜；平均出租率高于全国平均水平59.58%的有16个省份，其中海南和上海的平均出租率超过70%。

五星级饭店平均房价高于全国平均水平634.08元/间夜的有4个省份，其中上海、北京和海南的平均房价超过800元/间夜；平均出租率高于全国平均水平63.68%的有16个省份，其中海南和上海的平均出租率超过70%。

（3）全国50个重点旅游城市情况

全国50个重点旅游城市第四季度星级饭店营业收入为387.51亿元，占全国营业收入的67.08%。从第四季度各城市经营情况看，平均房价高于全国平均水平357.89元/间夜的有22个城市,位居前10位的分别为上海、三亚、北京、广州、深圳、厦门、南京、杭州、苏州、福州,其中上海平均房价最高,达到738元/间夜,张家界平均房价最低,为173元/间夜;平均出租率高于全国平均水平58.65%的有23个城市,位居前10位的分别为三亚、南京、长沙、厦门、深圳、海口、上海、广州、福州和珠海,其中三亚平均出租率最高,达到79%,秦皇岛平均出租率最低,为23%;每间可供出租客房收入高于全国平均水平216.18元/间夜的有19个城市,位居前10位的分别为三亚、上海、广州、北京、深圳、厦门、南京、福州、杭州、苏州,其中三亚每间可供出租客房收入最高,达到523.95元/间夜,秦皇岛每间可供出租客房收入最低,为58.84元/间夜;每间客房平摊营业收入高于全国平均水平42 573.43元/间的有19个城市,位居前10位的分别为上海、南京、温州、北京、广州、无锡、三亚、苏州、福州、杭州,其中上海每间客房平摊营业收入最高,达到108 096.99元/间,秦皇岛每间客房平摊营业收入最低,为14 183.86元/间。

表3-3 50个重点旅游城市经营情况

指标 地区	平均房价 (元/间夜)	平均出租率(%)	每间可供出租客房收入(元/间夜)	每间客房平摊营业收入	平均房价比较(%)	平均出租率比较(%)	每间可供出租客房收入比较(%)	每间客房平摊营业收入比较(%)
北京	586	65	382.22	73 040.06	9.15	2.6	12	36.5
天津	412	56	228.65	41 192.92	4.7	3	7.8	11.9
石家庄	300	59	175.79	38 797.46	0.7	1.6	2.3	7.96
秦皇岛	257	23	58.84	14 183.86	−6	65	55	42.7
太原	293	55	162.04	33 963.98	0.9	0.2	1.1	3.13
呼和浩特	278	50	139.01	27 523.09	0.6	0.4	1	−14
沈阳	299	54	161.33	33 440.85	0.9	−2	−1	11.1
大连	365	46	166.28	27 990.35	19	−2	17	−0.4
长春	332	57	189.46	33 666.31	6.2	−7	−1	2.53
哈尔滨	321	53	168.93	34 497.33	−1	−5	−6	9.65
上海	738	71	520.64	108 096.99	5.2	−1	4.1	13.5
南京	455	74	334.43	83 616.86	8.8	2.4	11	40

续表

地区\指标	平均房价（元/间夜）	平均出租率（%）	每间可供出租客房收入（元/间夜）	每间客房平摊营业收入	平均房价比较（%）	平均出租率比较（%）	每间可供出租客房收入比较（%）	每间客房平摊营业收入比较（%）
无锡	391	56	218.19	66 499.95	5	−1	4	4.86
苏州	440	62	273.69	61 423.59	0.3	4.4	4.7	7.67
杭州	442	66	291.51	59 836.03	−2	7.6	5.7	11.9
宁波	375	57	215.37	52 030	1.3	2.5	3.8	0.4
温州	363	63	229.45	73 737.91	0.1	−1	−1	−5.9
合肥	316	67	211.29	43 960.3	5.3	2.6	8	6.1
黄山	427	44	186.64	29 926.85	18	7	27	21.3
福州	433	69	297.48	61 248.21	7.2	−3	3.9	11.2
厦门	482	73	350.29	57 872.62	6.2	13	20	19.2
泉州	294	58	171.45	44 490.98	1.8	15	17	17.9
南昌	253	66	166.01	31 235.63	0.2	8	8.3	9.99
济南	341	66	225.96	55 589.47	0.1	−0	−0	3.85
青岛	356	55	197.12	41 588.5	3.2	1.5	4.7	4.29
郑州	270	63	169.37	33 467.26	−3	−0	−3	32.8
洛阳	241	48	115.98	32 254.55	7.9	−3	4.3	11.3
武汉	407	67	271.49	43 468.66	3.8	5.5	9.6	8.03
宜昌	282	47	131.84	32 136.43	3.3	−8	−4	11
长沙	359	73	261.22	52 929.41	2.6	4.6	7.2	11.5
张家界	173	56	96.27	17 114.31	−23	−4	−26	−13
广州	563	70	396.07	68 821.48	12	5	17	18.5
深圳	522	72	376.77	57 222.66	5.2	1.3	6.5	10.7
珠海	356	67	239.85	31 396.82	−7	3	−4	5.78
东莞	378	44	164.99	43 576.39	2.2	3.1	5.3	13.3
南宁	256	64	163.96	35 613.11	7.1	−3	3.9	18.2
桂林	243	58	141.98	24 703.28	12	4.3	16	24.3

续表

指标 地区	平均房价 （元/间夜）	平均出租率（％）	每间可供出租客房收入（元/间夜）	每间客房平摊营业收入	平均房价比较（％）	平均出租率比较（％）	每间可供出租客房收入比较（％）	每间客房平摊营业收入比较（％）
海口	292	71	207.65	36 449.73	−0	4.5	4.1	9.97
三亚	666	79	523.95	65 148.59	4.3	4.7	9.3	10.3
重庆	343	59	202.33	36 388.63	4.2	2.3	6.6	7.8
成都	409	61	248.78	42 419.17	0.6	−1	−0	−4
贵阳	366	59	214.55	37 440.17	0	−1	−1	1.92
昆明	219	57	125.25	29 285.03	−36	−1	−36	23.9
丽江	222	46	101.15	14 913.47	12	−20	−11	−2.9
拉萨	414	51	212.44	33 700.96	−0	53	53	34.9
西安	343	64	218.35	36 911.59	−4	9.7	5.6	3.83
兰州	269	56	149.39	23 108.18	−13	−4	−16	−20
西宁	223	41	92.4	18 067.09	−18	15	−6	13.9
银川	229	47	106.81	16 658.21	−6	−5	−11	0.43
乌鲁木齐	303	51	154.2	36 025.97	4.1	−3	1.4	5.02

（4）50个重点旅游城市与上年同期比较

平均房价：增幅位居前10位的城市为大连、黄山、广州、丽江、桂林、北京、南京、洛阳、福州、南宁，其中大连增幅最大，为19%；降幅位居前10位的城市为昆明、张家界、西宁、兰州、珠海、银川、秦皇岛、西安、郑州、杭州，其中昆明降幅最大，为36%。

平均出租率：增幅位居前10位的城市为秦皇岛、拉萨、泉州、西宁、厦门、西安、南昌、杭州、黄山、武汉，其中秦皇岛增幅最大，为65%；降幅位居前10位的城市为丽江、宜昌、长春、哈尔滨、银川、张家界、兰州、洛阳、福州、南宁，其中丽江降幅最大，为20%。

每间可供出租客房收入：增幅位居前10位的城市为秦皇岛、拉萨、黄山、厦门、广州、泉州、大连、桂林、北京、南京，其中秦皇岛增幅最大，为55%；降幅位居前10位的城市为昆明、张家界、兰州、银川、丽江、哈尔滨、西宁、宜昌、珠海、郑州，其中昆明降幅最大，为36%。

每间客房平摊营业收入：增幅位居前10位的城市为秦皇岛、南京、北京、拉萨、郑州、桂林、昆明、黄山、厦门、广州，其中秦皇岛增幅最大，为43%；只有7个城市出现了降幅，分别为兰州、呼和浩特、张家界、温州、成都、丽江、大连，其中兰州降幅最大，为20%。

（四）目的地旅游服务质量指数

东部地区旅游服务质量指数较高

2017年目的地旅游服务质量最大的特点是，凡是旅游行政主管部门重点关注、强化监管、查处整治的领域，凡是目的地党委和政府切实重视和管理水平较高的地区，游客满意度水平都普遍较高，并呈现进一步上升的趋势。无论是团队旅游服务、旅游投诉处理、传统的"旅游六要素"涉及到的行业，还是排名靠前的境内城市和境外目的地，均是如此。调查还显示，旅游主管部门只要敢于为游客发声、工作"蛮拼的"，市场就会有信心，游客就会及时给予"点赞"。

2017年，将省会城市的旅游服务质量作为整个省区市总体旅游服务质量的代表，用10分制打分，1分表示非常不满意，10分表示非常满意，通过比较，得出2017年各省（区、市）的旅游服务质量指数。

如图3-16所示，2017年，旅游服务质量最高的省（区、市）是重庆市，为8.22分。旅游服务质量排名前五位的还有山东、江苏、上海、陕西；位于后五位的省（区、市）分别为西藏、甘肃、广西、宁夏、吉林。其中，重庆从2016年旅游服务质量排名第5名跃居2017年的榜首。

中国旅游研究院过去十年对60座城市的游客满意度调查结果显示，优秀的旅游目的地，特别是旅游强市，已经不再只是靠几个核心旅游吸引物，而是必须以整座城市的调性、品质与整体实力作为支撑。比如苏州的"苏式生活"，比如厦门的精致与优雅，比如成都的美食与包容等。曾有西部某著名旅游城市的领导困惑，我们拥有这么多举世闻名的文化遗产，有这么多的自然景观，外国政要都为之惊艳的城市，为什么旅游经济总量和游客满意度反而比不过苏州和厦门呢？这是因为时代变了。无论是在常住地，还是在目的地，游客追求的都是高品质的生活，至于那些景观、地标、历史文化，都只是异地品质生活的组成要素。

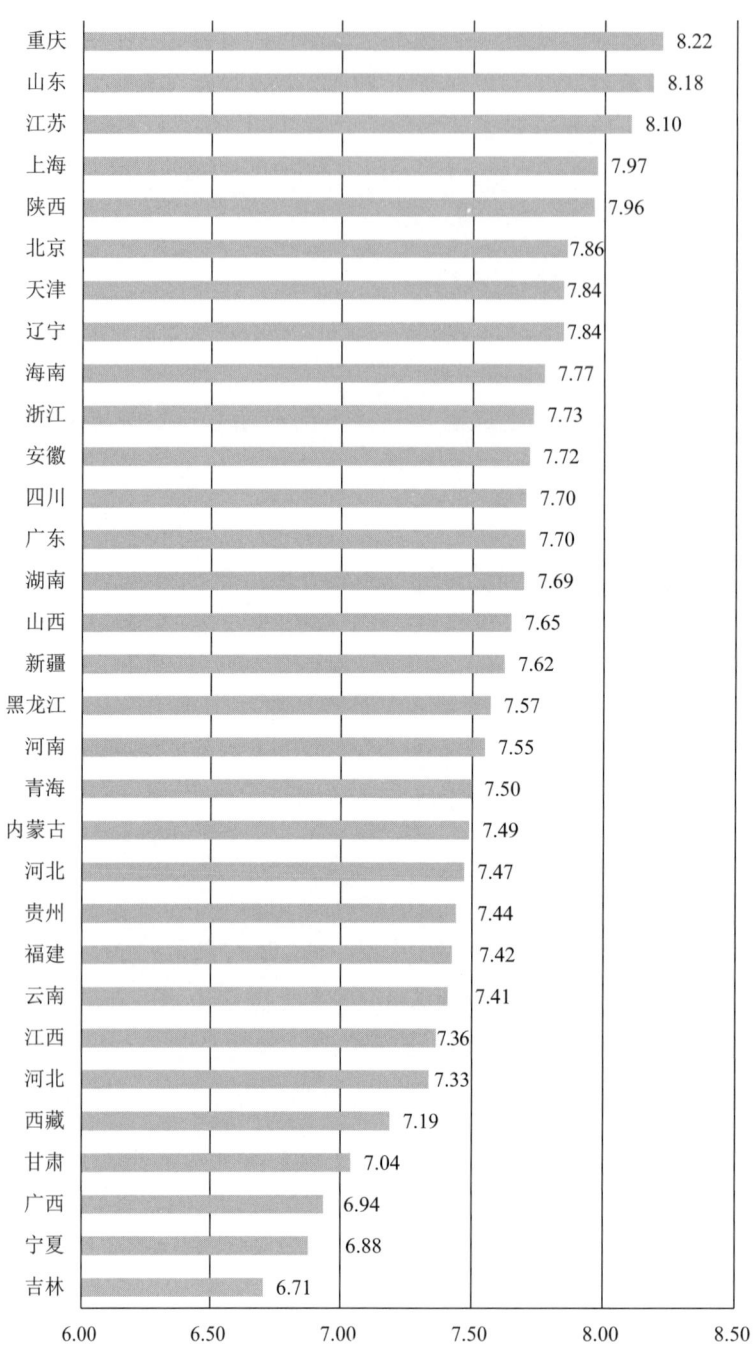

图 3-16 2017 年各省（区、市）旅游服务质量指数

第三章 国内旅游产业发展特征
Chapter 3 Characteristics of China Domestic Tourism Industry

（五）国内旅行社发展指数

2017年，我国旅行社分布情况依旧是东多西少。具体地说（见图3-17），旅行社最多的省（区、市）为广东，其次为浙江、山东、江苏、北京。与2016年的旅行社统计数据相比，江苏省旅行社的数量因停业数高达360家，而跌至第四名。广东、山东、江苏、北京的旅行社数量波动比较小，且有小幅度上升，而位居前五。中部地区、西部地区的旅行社数量波动不大。其中，旅行社分布较少的仍是西部地区，旅行社最少的五个省（区、市）依次为宁夏、西藏、青海、海南和新疆。

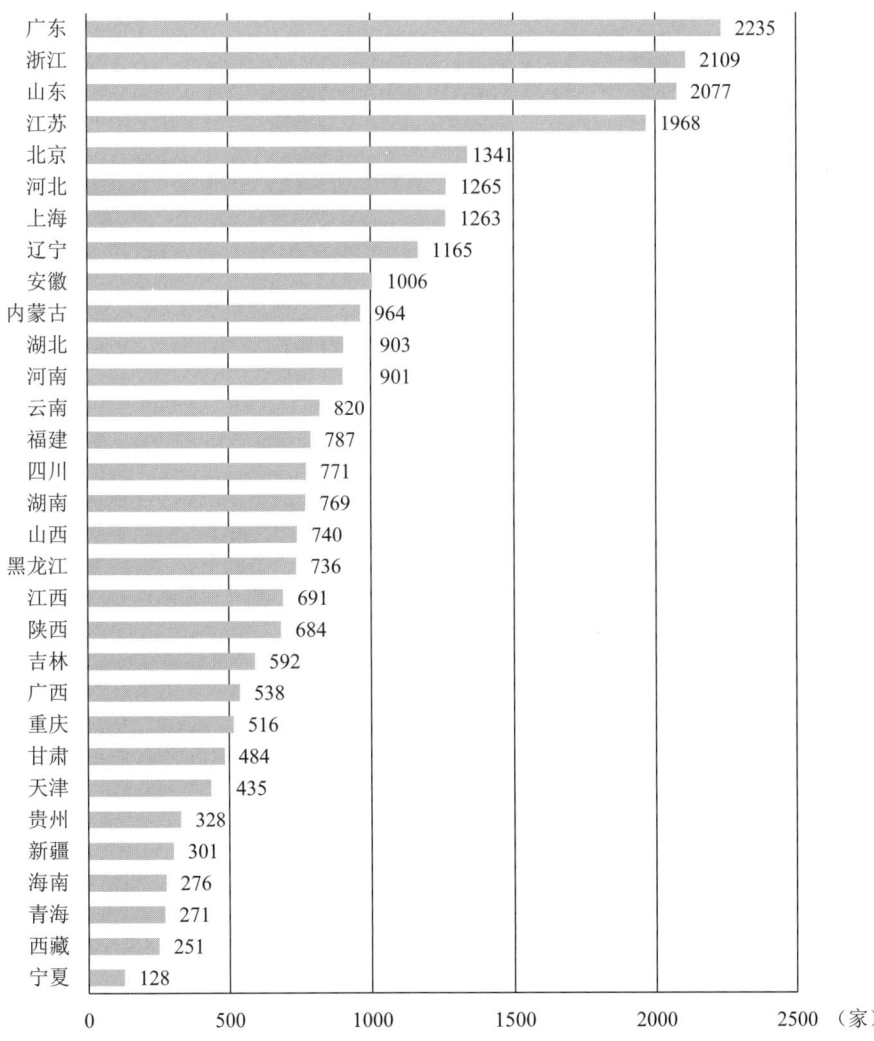

图3-17 2017年各省（区、市）旅行社总数

从图 3-18 中可以看出，2017 年区域旅行社分布情况，依旧呈现出分布不均的问题，即东多中西少。其中，东部地区的旅行社数量大于中部地区和西部地区的旅行社数量之和，处于遥遥领先的发展态势。而东北地区的旅行社数量仅有 2493，处于垫底的位置。

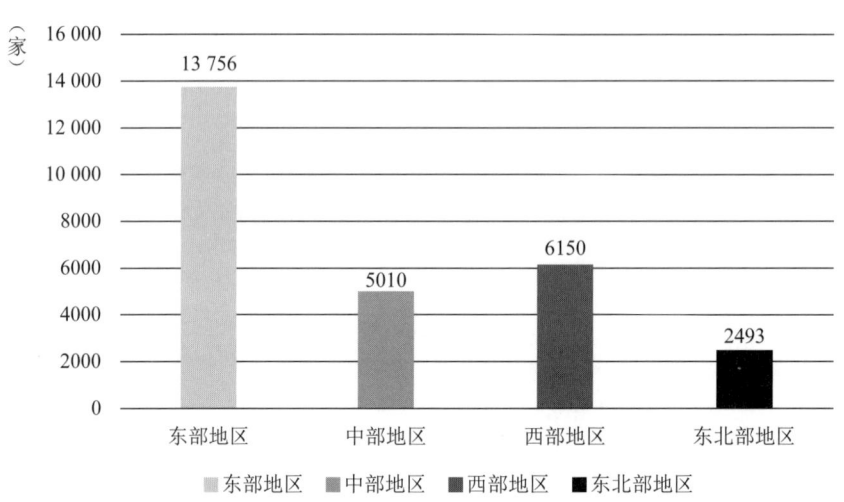

图 3-18 2017 年不同区域旅行社总数

（六）旅游产业综合发展水平

本报告延续去年报告分析、研究旅游目的地旅游产业综合发展水平和旅游目的地的关系，构建各地区的旅游产业发展指数。旅游产业发展指数通过对 2017 年目的地的景区数量、旅游收入、旅游接待量、饭店数量、旅行社规模五个指标进行标准化处理并取算数平均值后得出。

图 3-19 反映了 2017 年各省（区、市）的旅游产业发展状况，其中江苏省以 0.91 位居全国第一，其次是浙江、山东、广东、四川，五省位列各省（区、市）旅游产业发展水平前五。旅游产业发展水平后五位的分别是宁夏、西藏、青海、海南、新疆。

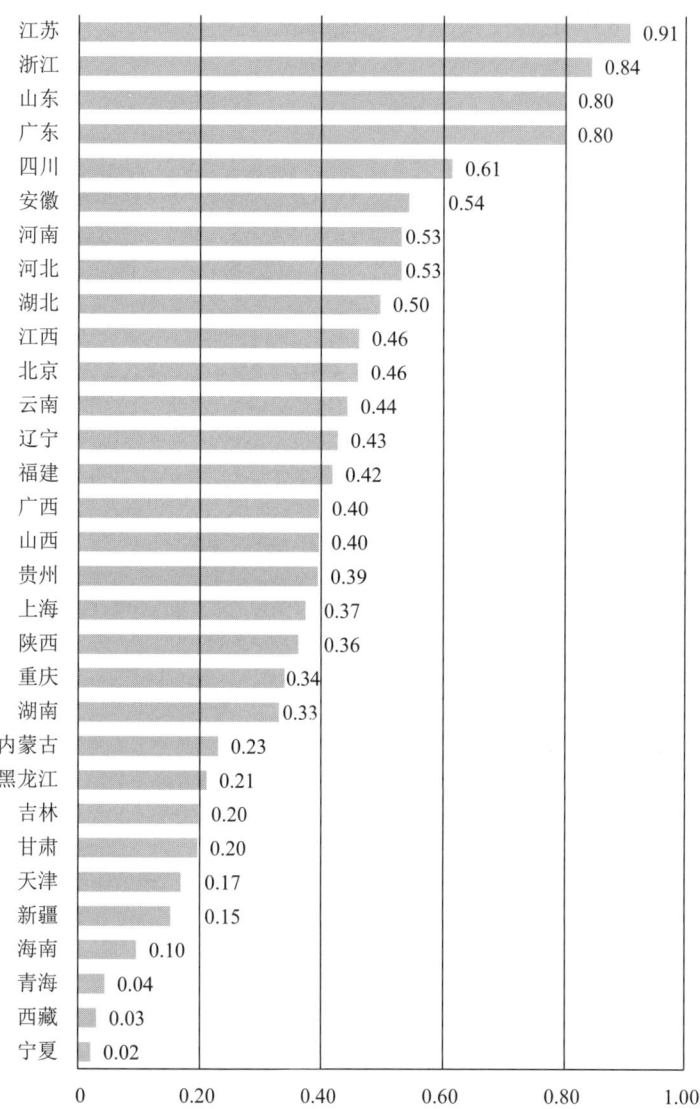

图 3-19　2017 各省（区、市）旅游产业发展指数

由图 3-20 可以看出，我国各区域旅游产业综合发展水平东高西低的大格局并未改变，西部地区的旅游发展指数是 0.27，东北地区的旅游发展指数是 0.28，与中部和东部地区还是有一定差距的。东部地区的旅游发展指数凭借 0.54 而位居榜首，由于东部地区经济发展水平较高，旅游发展较为成熟，所以数值偏高。

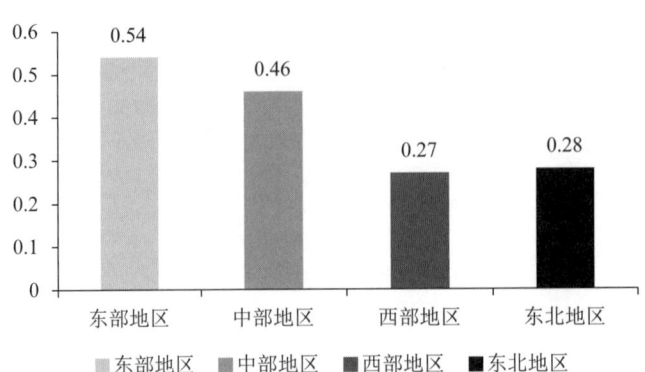

图 3-20　2017 年各区域旅游产业发展指数

二、文旅融合演绎出全新产业发展格局

（一）中国旅游产业投资主体呈现出竞争新格局

2017 年，我国旅游直接投资超过 1.5 万亿元，同比增长 16%。目前，全国各地已组建了 100 多个大型文旅集团，各类文旅基金也超过 100 余家，规模上百亿的已经超过十几家。可以预测，未来三年各类国家级的文旅产业基金将如雨后春笋般地诞生，不断地为产业注入发展新动力。

根据《2018 中国文旅产业投资发展趋势报告》，以京津冀地区为例，在 106 个重点旅游投资大项目中，旅游行业企业的投资商仅有 27 个，占比 26.7%，其余的都是非旅游行业企业的投资，大概占 73.3%。

实际上，在投资端已形成了跨界、跨行的新格局。大型非旅游行业企业通过投资并购进军文旅产业，推动产业格局的大整合、大调整。

（二）消费升级倒逼供给侧创新产品的新形态

随着大众旅游时代的到来，旅游已成为常态化生活消费的重要选项。数据显示，1987 年至 2017 年我国人均出游次数，从人均 0.2 次增长到了人均 3.7 次，增加了 18.5 倍；国内游客数量从 1987 年的 2 亿人次扩大到了 2017 年的 50 亿人次，增加了 25 倍。

游客多元化与个性化需求的转变促使文旅融合，助推供给侧创新产品。首先，资源融合。自然资源、人文资源以及多种公共资源等，与旅游资源进行融合，成为产业融合发展的重要内容。其次，技术融合。科学技术的进步快速改变着游客的消费行为，推动文旅企业的商业模式和管控模式改变。例如虚拟现实、仿真技术、轨道的动感交通技术等表现形式和手法，改变了原有的文旅产业的呈现方式和体验模式。第三，功能的融合。实现当地居民与游客共享资源，达成一种常态的宜居宜游、主客共享的过程。未来如何在不影响原住居民对资源和利益的享有的前提下让更多游客享受当地独特文化和旅游资源是一个需要关注的问题。第四，界域融合。一二三产业界域的联动，以及景区、城区等地区界域的融合，正不断促进文化旅游与地方经济的共同发展。

三、2017年国内旅游目的地发展创新案例

（一）政策理念创新案例

1. 浙江安吉灵峰以国家级旅游度假区创建为抓手，全面助推乡村旅游建设

安吉灵峰国家级旅游度假区位于安吉县城与古镇孝丰的连接地，北接太湖，邻近东海，生态环境优美，气候条件宜人，旅游资源丰富，交通条件便利。申嘉湖安、杭长高速直通区块，距杭州仅半小时车程，到上海只需2个半小时。上海浦东、虹桥航空、高铁站，杭州萧山国际机场都是游客到灵峰旅游度假区的理想航站。度假区内有"二水一山""二景一村"。浒溪与龙王溪绕灵峰山穿境而过，千年古刹灵峰寺、竹博园相映生辉。灵峰国家级旅游度假区，根据安吉打造休闲经济先行区和中央休闲区的总体要求，把休闲度假区建设与美丽乡村精品示范区建设有机融合在一起，继续致力于提升休闲文化品位，把度假区打造成为县域大景区的大本营、中国美丽乡村建设服务的大平台、长三角最具品牌影响力的休闲产品大卖场。

安吉灵峰国家级旅游度假区总面积46平方公里，由安吉灵峰旅游度假区管委会负责区域内的统一规划与开发建设。管委会下辖灵峰、横山坞、剑山、大竹园4个行政村，美丽乡村建设与旅游度假区开发相得益彰。2011年，灵峰旅游度假区管委会成立。2012年，灵峰旅游度假区成功创建省级旅游度假区。经过5年时间的保护、开发和建设，度假区内的基础设施相对完善，旅游氛围逐渐浓厚，形成了特色鲜明的度假产品体系。2016年2月，为了积极创建"两山"重要思想实践示范县，努力打造安吉旅游经济升级版，全面助推乡村旅游建设，同时结合灵峰度假区的实际情况，提出创建灵峰国家级旅游度假区，并于2016年7月14日起草了《安吉县灵峰旅游度假区创建国家级旅游度假区实施方案》。

按照安吉县委县政府"三年创建,两年完成"的目标要求,在这两年时间内,度假区管委会积极向上对接,争取最大工作支持,对照创建标准,不折不扣地完成软硬指标,整体推进,重点攻坚,全员冲刺,转段提升,同时抢时间、拼速度、抓品质,所有指标高效、高质完成。五年磨一剑,四年蓄力而发,于2018年成功入围第二批国家级旅游度假区。这对安吉县完善旅游产业体系、打造旅游休闲度假产业新名片,进一步打响中国亲子旅游第一县、国际乡村生活示范地等旅游品牌具有重要意义,也必将成为安吉旅游行业又一金字招牌。

一是通过市场分析,剖析自身优势,明确主题定位。在国家公布的首批17家国家级旅游度假区中,多为湖泊型旅游度假区,缺少田园乡村类型。而灵峰旅游度假区乡村特色旅游资源独树一帜,度假区以"美丽乡村"为核心主题打造国家级旅游度假区,是度假市场的新亮点。度假区内主打"乡村度假主题产品"的规划建设,结合农耕技艺、科普教育、田园采摘、乡村特色民宿、禅修、慢游、乡村运动等打造特色乡村度假产品,可满足不同年龄层、不同消费偏好消费者及各消费群体的全时度假需求。比如安吉发布的"灵峰十景"中的"蔬香大地""东篱茶园"都有着浓浓的田园情趣;在田园熊出没乐园里,有家长带着孩子一起用农家土灶做饭等亲子体验活动。经过多年的发展,如今,灵峰旅游度假区现已总体建成集森林观光、竹文化博览、佛教体验、运动养生、乡村休闲、商务会议等功能于一体的国家级旅游度假区。

二是通过乡村建设,打造安吉旅游产业新名片。为了将灵峰度假区打造成集休闲、体验为一体的"横山坞－剑山－大竹园"美丽乡村精品示范区,安吉县持续推进乡村建设,完成大竹园、碧门美丽乡村精品示范村创建,高质量完成省农房设计试点项目;启动横山坞"整村经营"示范建设;分别完成大竹园、剑山两村国家级及省级"美丽宜居"项目。在全域美化规划中,要求基本完成"蔬香农业实验小镇"建设,启动"农业特色强镇"建设,打造现代农业与美丽乡村融合样板区;实施全域亮化、美化、彩化工程,重点完成浮玉路沿线500亩彩化工程。比如目莲坞自然村,第一眼吸引你的肯定是三维立体墙绘,巨幅"木莲花"栩栩如生。

三是通过"企业＋农户"的模式,吸引外资推动乡村建设。洋气的墙绘、林荫村道、整洁干净的村容村貌等组成的优美村庄环境,让横山坞村在2014年就跻身3A级景区,同时吸引大量的投资商落户。2015年年底,村里筹划成立股份制旅游公司,计划将横山坞村内目莲坞自然村打造成精品民宿村落。由旅游公司控股51%，村里入股占10%，其他由村民来入股。2015年，村集体收入1400多万元，农民纯收入2.7万元；2016年上半年，村子已经接待了近3万的旅游人次。2017年启动灵峰山景区对外营业，实现年游客接待量20万人次；完成梅灵路4个自行车驿站招商运营、刘灵路1个驿站的建设；完成"目莲花开"9幢民宿对外营业的目标。

四是完善旅游配套，营造消费亮点。灵峰旅游度假区经过多年的发展，已累计投入开发建设资金13.48亿元，基本实现度假区基础设施全覆盖。区内"二纵二横"的环山主干道路已经建成，度假区交通网络基本形成。随着基础设施的不断完善，高端配套项目也在逐步展开。港中旅旅游综合体——地中海俱乐部、美颂电影文化公园、绿城悦榕庄酒店、灵峰国际养心小镇等高端龙头项目在2017年陆续营业。目前已实施平台基础设施项目50项（其中续建20项，新建30项），完成投资5.46亿元。灵峰绿道骑行、人工湖景观、浒溪生态河道景观、四季花海景观、游客中心等一批旅游公共服务产品更加完善。同时灵峰旅游度假区大力推进智慧旅游工程建设，结合"互联网+"、云计算等现代信息技术来为游客提供更好的服务，增强休闲度假体验。如今的灵峰旅游度假区已经形成了乡村特色旅游资源、自然生态旅游资源、禅宗文化旅游资源三大旅游资源体系。

2. 宁夏多角度助力旅游形态，推动全域旅游发展

自2016年全域旅游作为新时期的旅游发展战略在全国旅游工作会议上被提出，全国各省（区、市）开始着手推进全域旅游的发展。宁夏回族自治区也制订并出台了《宁夏全域旅游示范区创建工作实施方案》，按照"全景、全业、全时、全民"模式，创建全域旅游示范区，构建宁夏"一核、两带、三廊、七板块、百点支撑"的全域旅游新格局，即将银川建设成为宁夏全域旅游核心区，发挥全区旅游集散中心和咨询服务中心城市的作用；建设黄河金岸旅游带和古城历史文化带"两带"；打造贺兰山东麓葡萄文化旅游廊道、清水河流域丝路文化旅游廊道、古军事文化旅游廊道"三廊"；提升和再造大沙湖度假休闲板块、西夏文化旅游板块、塞上回乡文化体验板块、边塞文化旅游板块、大沙坡头度假休闲板块、韦州历史文化旅游板块、大六盘红色生态度假板块"七板块"，带动宁夏旅游业的全域发展。经过这几年的打造，全天候、全方位、全感官的感受成为宁夏全域旅游的新常态。

一是整体规划，重点打造，构筑全域旅游新格局。宁夏旅游发展委员会根据全域旅游的相关政策，结合宁夏回族自治区的实际情况，确定了《宁夏全域旅游发展总体规划》，全面实施"全域化、国际化、智慧化、品牌化"的发展战略，构建"一核集成服务、两带均衡发展、三廊整合提升、七板块打造精品"的全域旅游空间布局，将银川建设成为宁夏全域旅游核心城市和旅游集散中心、咨询服务中心城市；开发黄河金岸和古城历史文化两条旅游带。按照宁夏旅游发展委员会的整体布局，银川市立足自身生态、近郊、文化资源优势，高点定位，突出特色，在"全景、全业、全时、全民"统领下，旅游格局由景点旅游向全域旅游延伸、产业发展由单一业态向多业态深度融合、结构类型由传统观光向休闲度假转变，并先后荣获全国文明城市、中国优秀旅游城市、全国旅游避暑城市、中国十大新天府、国家旅游休闲示范城市等荣誉称号。

二是业态融合，创新旅游大发展。在宁夏旅游发展的过程中，旅游业态遍地开花，成为全域旅游不可或缺的风景。同时，宁夏旅游业着力深化供给侧改革，在优化旅游格局、产业融合、业态创新等方面探索出全域旅游的"宁夏路径"。宁夏的文化底蕴深厚，"旅游＋文化"必然能够开发出体现宁夏文化、宁夏特色、宁夏味道的文旅产品，也能够将传统艺术、工艺展演、特色精品演艺节目等与旅游相加，例如水洞沟上演的大型实景演出《北疆天歌》、西夏风情园推出的大型情景演出《烽火西夏》等。很多地方推出了"旅游＋工业""旅游＋农业""旅游＋会展""旅游＋商贸""旅游＋林业"等。近年来，永宁县、盐池县、平罗县、泾源县等多地都推出赏花游、采摘游等"旅游＋农业"的项目，得到大批城市居民的喜爱，取得了良好的社会效益和经济效益。固原市泾源县冶家村借助"大六盘"生态文化旅游圈，打造泾源美丽乡村，被誉为"西北丽江"。此外，旅游与新生活方式的融合也成为一种趋势，"旅游＋教育""旅游＋休闲度假""旅游＋健康养生""旅游＋新型养老""旅游＋互联网"等全域旅游新业态不断发展起来，游客越来越感觉来宁夏旅游有听头、有看头、有买头、有玩头。

三是厕所革命，提升景区美誉度。随着厕所革命在全国的广泛推广，宁夏的厕所环境也改头换面，成为宁夏一道亮丽的风景线。如镇北堡西部影城中的"轻松一处""栈客家廖"等，样式新颖、风格独特的厕所令人耳目一新。厕所虽小，却是人类文明的标尺、城市形象的窗口。从2013年到2016年，自治区和各市、县财政投入"厕所革命"专项资金8688万元，带动全社会投入"厕所革命"专项资金超过3亿元。全区新建改建标准化旅游厕所401座。城市主干道新建厕所全部按照旅游厕所国家标准建设,全部达到有水、有电、有纸、有洗手液、有专人管理、无异味"五有一无"要求。为了更好地满足厕所需求,未来3年,全区将新建、改扩建A级旅游厕所400座,其中,新建304座,改扩建96座。在范围上,将推进旅游厕所由景区内向景区外扩展,由城市向乡村延伸;在应用上,实现旅游厕所在"畅游宁夏"手机APP上的查询和管理等智慧化服务。到2020年年底,全区旅游厕所实现"数量充足,干净无味,实用免费,管理有效"的目标,A级景区和星级农家乐旅游厕所全部达到A级标准。其中,5A级景区旅游厕所达到3A标准,3A级以上景区旅游厕所达到2A以上标准,让出门在外的群众如厕更方便。

四是提升旅游服务质量,推进旅游业转型升级。为推进旅游业转型升级、提质增效,宁夏从2016年开始实施"十百千万"工程,全面提升旅游服务质量。同时,以创建全域旅游示范区、建设特色鲜明的国际旅游目的地为目标,牢固树立"一切资源皆为旅游资源,人人都是旅游形象"的发展理念,全面提升旅游服务质量,优化旅游服务环境,推进宁夏旅游业转型升级。截至2016年年底,全区累计培训从业人员4500余人次。此外,为确保"十百千万"工程顺利实施,从2016年开始,宁夏旅游发展委员会还协调完善旅游交通服务,在交通基础设施建设中统筹考虑旅游发展需要,优化城市、景区间的交通衔接;完善旅游基础设施,在市、县(区)分别建设旅游集散中心和游客服务中心,在机场、火车站、重点汽车站和高速公路服务区配套建设游客服务中心,构建旅游集散中心体系;推进智慧旅游工程,加快构建集全区旅游信息发布、电子商务于一体的智慧旅游综合平台。截至目前,全区3A级以上景区、三星级以上饭店、旅游集散中心等主要旅游场所实现了免费无线宽带网络全覆盖。当前,全区上下联动、统筹协调的旅游业发展格局已经形成,宁夏旅游将在未来展现出更大的活力与魅力。

(二)旅游扶贫创新案例

1. 淅川县巧妙借力南水北调,助推旅游扶贫发展

淅川坐落在南阳盆地,处于豫鄂陕三省交汇处,交通便捷,直通郑州、西安、武汉三大区域中心城市客源市场。地处中原经济圈、武汉城市圈和关中城市群多重辐射之中,是中西部地区旅游经济圈承东启西的重要支点、环丹江口水库生态文化旅游圈的核心组成部分。淅川县立足于自身资源优势,以丹江湖旅游区5A级景区创建和环湖绿道旅游发展为契机,以全域旅游发展为依托,以

景区周边贫困村和环湖沿路周边贫困村为重点，通过政策引领、企业带动、示范推动、机制保障等，分阶段分区域完善村庄基础服务设施，配套旅游公共服务设施，改善村庄生产、生活、生态环境，真正使旅游带动扶贫，扶贫推动旅游，使乡村旅游成为我县贫困群众脱贫致富的重要途径。

一是多举措并举，助力脱贫。淅川县依托丰富的旅游资源，编制实施了《淅川县2017年乡村旅游扶贫工作实施方案》《淅川县旅游百企百村帮扶脱贫工程实施方案》以及横沟村、磨沟村、瓦房村、青龙村、官福山村等乡村旅游扶贫与模式推广规划，重点采取以资产平台带村、以旅游规划带村、以基础设施带村等举措，具体实行景区带村脱贫和法人带个人、党员带群众、先富带后富、回乡带本乡等办法，带动贫困户脱贫增收。在符合条件的贫困村成立旅游扶贫合作社，贫困户通过土地、山场、闲置农宅等资产入股，获得务工、分红等收益。现今，全市第一个乡村旅游专业合作社——"淅川星空瓦房乡村旅游合作社"已在该县盛湾镇瓦房村成立。

二是政府主导，高起点规划。淅川是楚始都所在地、楚文化发祥地，又是南水北调中线工程渠首地、核心水源区和全国水库移民迁出大县，旅游资源丰厚，人文景观众多。淅川县委、县政府对此极为重视，起步之初就委托专业规划设计公司，在吸收、借鉴国内旅游发展先进地区旅游发展理念的基础上，编制了《上集镇旅游业发展规划》，提出了没有规划不准上项目、规划不论证不准实施、项目不审批不准动工的"三不准"规定，始终坚持"先规划，后建设，开发与保护并重，以保护为主"的原则，避免了无序发展、低档次发展、重复发展和无效益发展。同时，对县域村镇发展规划进行修订，将景区规划纳入全县规划和县城规划，加强景区所在村和周边村镇管控，推动国民经济发展规划、土地利用规划、旅游规划、生态规划、城乡规划等多规合一。

三是倾心帮扶，高标准打造。据悉近两年，淅川县上下共推动实施三个试点移民村40多个旅游项目，县镇两级政府和相关职能部门已为该区域倾斜扶持资金3000多万元，投入财力2000多万元。在各方面的共同努力下，目前张营村淅川雄升生态产业园已完成投资3500万元，建成"四大功能区"，即桂花观赏区、草莓采摘区、花卉林果风景区、餐饮服务区。2015年以来，该示范园荣获多个称号。周园村中国丹江七彩孔雀谷已完成投资3000万元，初步建成集孔雀养殖繁育表演、标本制作、休闲观光、餐饮服务为一体的田园风光、生态旅游科技示范园。2017年"五一"小长假，日接待游客5000多人（次），实现旅游综合收入近 10 万元。贾沟村淅川县丹江生态植物园已完成投资 2500 万元，建成激情跑马场、丹江生态鱼馆、儿童乐园、鲜果采摘、休闲垂钓五个园区，节假日和星期天日接待游客 2000 多人，实现旅游综合收入 3 万多元。

四是因地制宜，高创意特色化发展。淅川县本着"宜游则游，宜农则农，宜商则商"的原则和"资源共享，突出特色，相互补充，共同发展"的理念，力求 37 个旅游扶贫重点村的旅游产业具有高创意特色化、可持续发展性。其中，景区配套型旅游发展模式，立足于区位优势和资源优势，进行包装彩绘和无中生有打造特色旅游项目，围绕食、住、行、游、购、娱发展旅游配套，从一开始就避免了传统乡村游只有"形"没有"魂"的弊端。如雄升生态产业园桂花观赏区，占地面积 260 亩，区内桂花有金桂、银桂、丹桂、日香桂、朱砂桂、枣红桂等品种，该区采用标准化种植、精细化管理、艺术化编织、规模化经营，树立"每棵树都是一件艺术品"的理念，现已编制栽培桂花观赏瓶 1500 个，成为河南省最大的桂花造型基地。餐饮服务区，已完成占地 30 亩、建筑面积 1500 平米的防腐仿古豪华木屋和蒙古包，其集汉餐、蒙古餐为一体的蒙汉菜肴，日接待能力 1000 多人，深受广大消费者欢迎。

2. 内蒙古以乡村旅游为卖点，稳步推进旅游扶贫

旅游扶贫是党中央、国务院确定的新时期扶贫开发十项重点工作之一。近年来，内蒙古自治区旅游发展管委会积极探索"旅游+扶贫"模式，将旅游扶贫（富民）工程作为推进内蒙古旅游业发展的十大工程之一强力推进。自治区通过国家文化旅游部、国务院扶贫办"千千万万工程"，与农业部门共同开展休闲农业和乡村旅游示范县、示范点创建；组织星级乡村旅游接待户评定，组织"特色旅游村"和"特色家庭旅游线"创建，与自治区扶贫办共同制订专题方案推进旅游扶贫。内蒙古自治区自 2017 年全面落实精准扶贫、精准脱贫的基本方略以来，全区脱贫攻坚工作取得巨大成效，全区减贫 20 万人，1 个国贫旗县、13 个区贫旗摘帽，贫困人口下降到 37.5 万人，贫困发生率下降到 3% 以下，31 个国贫旗县农牧民人均可支配收入高于全区农牧民收入平均水平。

一是通过引入旅游企业，开辟旅游新线路。自治区划定 15 个深度贫困县、258 个深度贫困村、12.9 万深度贫困人口，制订《实施方案》全力推进深度贫困地区脱贫攻坚。内蒙古旅游局高度重视富民扶贫这项工作，积极探索"旅游+扶贫"模式，专门印发了《关于旅行社与农牧家乐旅游点结对扶贫的指导意见》，鼓励旅行社与农牧家乐旅游点合作经营，在常规线路中增加农牧家乐

旅游点，开辟景区与农牧家乐旅游点融合线路。目前，已经有更多的旅游企业参与到精准扶贫的工作中，旅游企业得到资源，农牧民得到实惠，结对扶贫达成共赢。在乌兰察布市卓资县梨花镇东壕赖村，村民姚四宏谈起旅游业发展的效益乐得合不拢嘴，他说："我们村原来种大田，靠天吃饭，现在村里办起了农家乐，环境好了，营生也多了，外出打工的年轻人也陆续回来了。"东壕赖村党支部书记乔屹基说："在旅游扶贫政策指引下，我们开办了农家乐富民山庄。目前，该项目吸纳本地村民、民间艺人和无业人员300多人就业，间接带动1500人左右就业。"

二是通过差异定位，推出特色旅游产品。自治区立足于自身旅游资源优势，突出乡村生活、生产、生态的特点，挖掘文化内涵，开发建设景区辐射型、古镇村落型、田园风光型、传统民俗型、养生度假型等多种类型的乡村旅游村镇，推出高端牧场、高端农庄等旅游产品。以旅游文化节庆活动为载体，积极组织各旗区、各景区开展品牌旅游节庆活动，打造乡村旅游特色品牌。如越野e族英雄会的举办，带动了巴彦浩特城郊及通古淖尔地区乡村旅游，活动期间从事乡村旅游的农牧民少则几千元、多则20万元的旅游收入。再如胡杨节举办期间，额济纳旗各嘎查72%的农牧民围绕旅游相继推出旅游餐饮、住宿、纪念品、农畜产品销售等项目，人均旅游收入达到7200元。

三是通过提升旅游服务质量，改善旅游接待环境。自治区通过对从事农家乐、牧家游、乡村民俗、度假村等的旅游相关人员进行技术培训，提高旅游接待能力。目前，内蒙古农村牧区旅游业渐趋标准化、规范化、规模化、专业化，各地大力发展出有各具特色的乡村牧区旅游产品、因地制宜鼓励农牧民发展乡村牧区旅游的良好局面。截至2015年年底，内蒙古乡村旅游接待户超过4200家，其中星级接待户达381家，带动农牧民就业13万人，全年接待游客2860万人次，营业收入18亿元。2016年，有3.5万贫困人口通过旅游脱贫。

四是通过农牧业转型，带动农牧民增收致富。积极引导农牧民充分利用自身资源优势，参与到农牧区旅游的开发中；同时引导一些农牧民搬迁转移转产到基础设施条件较好的地区，从事农牧家乐旅游经营。积极推动农牧区人口布局建设旅游专业村（目前已建成旅游专业村5个，正在规划建设15个），从而促进农牧民就业，带动农牧民增收致富。目前，阿拉善盟农牧家乐旅游点接待户达到215个（其中星级接待户83家），大漠旅游接待驿站39个，全盟参与旅游及相关行业就业的农牧民达到1.7万人，占农牧区总人数的30%。

第四章
国内旅游客流空间流动特征

2017年，随着全域旅游政策的推行、旅游大交通格局的优化，区域内部交通建设亮点频出，旅游流网络呈现出多样化和均衡化的发展格局。总体来说，旅游客流量较上年有所增加，旅游流向同上年相比没有较大出入，仍然呈现出东强西弱、南强北弱的格局。

本年度继续沿用上一年度的划分标准，依据行政区域、物理距离以及客流量大小三个因素将旅游客流流动尺度划分为大尺度、中尺度和小尺度三个层次。本研究主要依托航空流量研究大尺度旅游客流和依托铁路流量研究中尺度旅游客流，而小尺度旅游客流的时空模式相对稳定，较上一年基本没有变，因此不予重复研究。

一、大尺度旅游客流分析

通过大尺度旅游流流动矩阵可以看出，我国当前大尺度旅游客流主要是环渤海经济区流向长三角经济区、长三角经济区流向环渤海经济区、长三角经济区流向珠三角经济区、环渤海经济区流向中部地区、长三角经济区流向中部地区、珠三角经济区流向长三角经济区以及成渝地区流向长三角经济区。由此可以总结出大尺度旅游客流主要表现在以下两个方面：东部三大经济区流向中部地区和西部旅游资源大省的西向旅游流、西部经济相对发达地区流向东部三大经济区的东向旅游流。从区域旅游发展模式来看，金三角双向旅游流具有很强的经济性，而且市场因素和自身资源的驱动性也较强，属于混合驱动型旅游流；西向旅游流具有资源导向及政策导向特征，属于资源驱动型和政策驱动型旅游流；东向旅游流具有一定的经济性，属于经济驱动型旅游流。

第四章 国内旅游客流空间流动特征
Chapter 4 Spatial Characteristics of China Domestic Tourist Flow

表 4-1 大尺度旅游流流动矩阵

客源地 \ 目的地	环渤海经济区	长三角经济区	珠三角经济区	中部地区	东北地区	成渝地区	云贵地区
环渤海经济区	8 (4)	251 (+119)	260 (+123)	96 (+44)	12 (-3)	196 (+80)	123 (+40)
长三角经济区	250 (128)	4 (2)	404 (+186)	135 (+34)	67 (+26)	235 (+95)	180 (+74)
珠三角经济区	234 (+129)	415 (+196)	54 (+34)	105 (+64)	44 (+14)	249 (+125)	108 (+44)
中部地区	99 (+49)	132 (+50)	102 (+7)	0 (0)	31 (+6)	81 (+19)	64 (+4)
东北地区	12 (-3)	66 (+26)	42 (+11)	31 (+7)	0 (0)	28 (+6)	17 (+3)
成渝地区	191 (+74)	233 (+98)	249 (+128)	80 (+14)	28 (+6)	0 (0)	74 (+9)
云贵地区	124 (+14)	182 (+72)	107 (+41)	65 (+5)	17 (+3)	76 (+9)	2 (0)

注：查询地址为 http://flight.elong.com。
航班时间为 2018-4-20，周五。
括号内是与 2017 年相比增加或减少的数量，+ 表示增加，- 表示减少。

（一）以环渤海经济区为客源地的旅游流空间分布

当以环渤海经济区为客源地时（见表 4-1），可以看出其最主要的旅游流。首先是流向长三角经济区和珠三角经济区，每天均有 251 和 260 架次的航班从环渤海经济区内的客源地流向长三角经济区和珠三角经济区内主要旅游目的地省（市）。其次是流向成渝地区的旅游流，每天有 196 架次的航班飞往该目的地省（市）。再次是云贵地区和中部地区，每天分别有 123 和 96 架次的航班飞往该目的地省份。最后是东北地区，每天有 12 架次的航班飞往该区域。与 2017 年年底数据相比，以环渤海经济区为客源地的旅游流空间分布变化不明显，都是以流向珠三角经济区、长三角经济区和成渝地区为主，除流向东北地区的旅游流流量小幅度下降外，流向其他各区域的旅游流流量均有所上升，其中流向珠三角经济区的旅游流流量增幅最大。

表 4-2 大尺度旅游流流动矩阵

客源地	目的地	北京	天津	河北	山东	上海	江苏	浙江	广东	福建	湖北	湖南	河南	辽宁	四川	重庆	云南	贵州
环渤海经济区	北京	0	0	0	2	104	23	47	121	19	28	25	4	9	75	44	35	25
	天津	0	0	2	0	30	0	14	43	9	3	11	2	0	10	20	15	7
	河北	0	2	0	0	13	4	8	15	3	0	2	0	0	7	5	9	4
	山东	2	0	0	0	8	0	0	44	6	6	15	0	3	16	19	14	14
长三角经济区	上海	105	28	13	8	0	2	0	198	25	35	35	22	39	67	57	52	27
	江苏	22	0	0	0	2	0	0	77	12	0	7	1	13	19	18	27	17
	浙江	50	16	8	0	0	0	0	92	0	12	8	15	15	31	42	28	29
珠三角经济区	广东	121	43	15	44	198	77	92	0	27	29	6	34	34	128	89	64	19
	福建	24	14	3	7	30	18	0	27	0	12	9	15	10	15	17	14	11
中部地区	湖北	28	3	0	6	35	0	10	29	9	0	0	0	11	15	9	13	8
	湖南	26	13	2	16	35	5	8	6	9	0	0	0	12	8	16	12	1
	河南	4	1	0	0	22	1	16	34	0	15	0	0	8	20	13	19	11
东北地区	辽宁	9	0	0	3	39	13	14	34	8	11	11	9	0	15	13	11	6
成渝地区	四川	71	10	7	15	66	18	31	128	15	14	9	21	15	0	0	31	14
	重庆	44	20	5	19	58	18	42	89	17	9	15	12	13	0	0	26	3
云贵地区	云南	37	15	7	17	55	26	28	64	15	13	13	19	11	33	26	0	1
	贵州	23	7	4	14	27	15	29	19	9	8	1	11	6	14	3	1	0

注：除广东省所查航班为广州市和深圳市外，其余所查航班的出发地或目的地均为该省（区、市）的省会城市。

查询地址为 http://flight.elong.com；航班时间为 2018-4-20，周五。

从环渤海经济区主要客源省（区、市）细化分析来看（见表4-2），在环渤海经济圈中，北京市、天津市、河北省和山东省两省两市经济发展相对较好，选取其作为重要的客源地，辽宁省纳入东北地区统计范围。首先是以北京为客源地时，可以看出北京流向广东的旅游流流量相对最大，每天有121架次的航班从北京飞往广东；其次是流向上海的旅游流，每天有104架次的航班；最后是流向四川的旅游流,每天有75架次的航班;而仅从航班架次来判断,北京飞往河南和山东的客流量最少,然而距离较近,所以该数字不能说明北京流向两地的客流量较少,只能说明北京通过航空流向河南和山东的旅游流相对最少。与2017年年底数据相比,以北京作为客源地的旅游流流向基本不变,北京流向广东和上海的流量仍然是最大。

当以天津作为客源地时,天津流向广东的旅游流流量也是相对最多,每天有43架次的航班从天津飞往广东;其次是上海,每天有30架次的航班;而仅从航班架次来看,由于天津距离北京较近,天津没有流向北京的航班,因此不能用航班说明问题。但与2017年年底数据相比,以天津作为客源地的旅游流流向基本不变,天津流向广东和上海的流量仍然是最大,飞往重庆航班跃居第三,飞往其他大部分省市的航班变化较小。

当以河北作为客源地时,河北流向上海、广东的旅游流流量相对最多,每天分别有13和15架次的航班从河北飞往上海和广东。仅从航班架次来看,河北流向其他地区的航班架次很少,表明河北省居民大尺度出游力较小。与2017年年底数据相比,以河北作为客源地的旅游流流向没有发生明显变化,仍以流向上海、广东为第一大旅游流,且客流量增加。

当以山东作为客源地时,山东流向广东的旅游流流量最多,每天有44架次的航班从山东流向广东;其次为流向重庆、四川、湖南的客流量,每天分别有19、16和15架次航班从山东流向三地;然后是流向云南、贵州的航线,每天分别有14架次的航班。与2017年年底数据相比,以山东作为客源地流向西南旅游目的地的旅游流有所增加,而其他地区无明显变化。

(二)以长三角经济区为客源地的旅游流空间分布

当以长三角经济区为客源地时(见表4-1),可以看出流向珠三角经济区的旅游流流量相对最大,每天有404架次的航班从长三角经济区的主要客源地省(市)飞往珠三角经济区的主要目的地省份。长三角经济区的第二大旅游流是流向环渤海经济区主要目的地省(市),每天有250架次的航班飞往该区域的主要目的地。再次是流向成渝地区重要旅游目的地省(市),每天有235架次的航班。而长三角经济区流向东北地区的旅游流相对最小,每天仅有67架次的航班从长三角流向该区域主要目的地。与2017年年底数据相比,以长三角经济区为客源地的旅游流向变化较明显,珠三角、环渤海经济区仍然是长三角经济区的主要旅游目的地,同时珠三角经济区和环渤海经济区的旅游客流量增长得最快,分别相对增加了 186 和 128 次航班；相对而言，中部地区和东北地区的旅游客流量变化较少，分别增加了 34 架次和 26 架次的航班。总体来看，以长三角经济区为客源地的旅游流总体均有所增加，但变化程度差异较明显。

从长三角经济区主要客源省（市）细化分析来看（见表 4-2），长三角经济区的主要客源地省（市）包括上海市、江苏省和浙江省。当以上海作为客源地时，上海流向广东的旅游流流量相对最大，每天有 198 架次航班从上海飞往广东；其次是北京，每天有 105 架次的航班从上海飞往北京；再次是四川，每天有 67 架次的航班从上海飞往四川。而仅从航班架次来看，上海流向山东和河北的旅游流流量相对最小，每天分别只有 8 和 13 架次的航班。与 2017 年年底数据相比，以上海作为客源地的旅游流流量无明显变化，广东、北京仍是主要旅游流，其余省市旅游流流量均有所增加。从总体上看，以上海为客源地的旅游流增长潜力较大。

当以江苏省作为客源地时，江苏流向广东的旅游流流量相对最大，每天有 77 架次的航班从江苏流向广东；其次是流向云南，每天有 27 架次的航班；最后是流向北京，每天有 22 架次的航班。从航班架次来看，江苏没有流向天津、河北、浙江、湖北和山东的航线，江苏流向河南的旅游流流量相对较小，每天只有 1 架次航班流向该省。与 2017 年年底数据相比，以江苏作为客源地的旅游流流向变化不大，仍以广东为第一大旅游流，而北京跃居第二大旅游流，河北航班架次减少为零，其他省市或有小幅度增加或不变。

当以浙江省作为客源地时，浙江流向广东的旅游流流量相对最大，每天有 92 架次的航班从浙江飞往广东；其次是流向北京，每天有 50 架次的航班；最后是流向重庆、贵州和云南，每天分别有 42、29 和 28 架次的航班。仅从航班架次来看，浙江没有流向江苏和福建的旅游流航班，由于浙江距离这两个省份较近，不能完全用航班来说明问题；亦没有航班从浙江飞往山东、上海。与 2017 年年底数据相比，以浙江作为客源地的旅游流流向没有太大变化，浙江流向广东、北京的旅游流仍是前两大旅游流，旅游流流量总体上有所增加，其中，浙江流向广东的增幅最大，流向周边省市的流量有一定增加。

（三）以珠三角经济区为客源地的旅游流空间分布

当以珠三角经济区作为主要客源地时（见表 4-1），可以看出从该客源区域流向长三角经济区的旅游流相对最大，每天有 415 架次的航班从珠三角经济区的主要客源地省份飞往长三角经济区的主要目的地省（市）。珠三角经济区的第二大旅游流是流向环渤海经济区的，每天有234架次的航班飞往该区域的主要目的地。再次是流向成渝地区的重要旅游目的地省（市），每天有249架次的航班。而珠三角经济区流向东北地区和珠三角经济区的旅游流在主要目的地中相对最小，每天分别仅有44和54架次的航班从珠三角经济区流向该区域主要目的地。与2017年年底数据相比，以珠三角经济区为客源地的旅游流向变化较明显，长三角、环渤海经济区仍然是珠三角经济区的主要旅游目的地，而长三角经济区的旅游客流量增长幅度较大，相对增加了196次航班；其次，东北地区和珠三角经济区的旅游客流量变化较少，分别增加了14和34架次的航班。总体来看，以珠三角经济区为客源地的旅游流均有所增加，其中珠三角流向长三角地区旅游流增幅最明显。

从珠三角经济区主要客源省份细化分析来看（见表4-2），珠三角经济区客源省份主要包括广东省和福建省，其中广东省经济发达，无疑是珠三角经济区内部最大的一个客源地，福建省则可作为重要的客源地。当以广东省作为客源地时，广东流向上海的旅游流流量相对最大，每天有198架次的航班从广东飞往上海；其次是流向北京和四川的旅游流，每天分别有121、128架次航班从广东飞往北京和四川；再次是流向重庆的旅游流，每天有89架次航班。从广东飞往河北、湖南的旅游流流量相对最小，每天分别有15、6架次航班从广东飞往河北和湖南；其次是流向贵州的旅游流流量相对较小，每天有19架次航班从广东飞往贵州。与2017年年底数据相比，以广东作为客源地的旅游流流向仍以广东流向上海、北京这两大旅游流为主，旅游流流量总体上呈现较大的增幅，而广东流向湖南的旅游流流量相对有微量的增加。当以福建省作为客源地时，福建流向上海的旅游流流量相对最大，每天从福建飞往上海的航班架次是30架次；其次是广东，每天有27架次航班从福建飞往广东；然后是北京，每天有24架次航班从福建飞往北京。而仅从航班架次来看，福建流向河北的旅游流流量相对较小，每天仅有3架次的航班从福建飞往河北。与2017年年底数据相比，以福建作为客源地时旅游流流量总体上变化较小，但总体上均有上升。

（四）以中部地区为客源地的旅游流空间分布

当以中部地区为客源地时（见表4-1），可以看出从该客源区域流向长三角经济区的旅游流相对最大，每天有132架次的航班从中部地区的主要客源地省（区、市）飞往长三角经济区的主要目的地省（市）。中部地区的第二大旅游流流向是珠三角经济区，每天有102架次的航班飞往该区域的主要目的地省份。再次是环渤海经济区和成渝地区的重要旅游目的地省（市），每天分别有99和81架次的航班。而中部地区流向东北地区的旅游流在主要目的地中相对最小，每天仅有31架次的航班从中部地区飞往该区域主要目的地。与2017年年底数据相比，以中部地区为客源地的旅游流流向都有所增加。其中，成渝地区、长三角经济区和环渤海经济区的旅游流流量增幅较大。

从中部地区主要客源省份旅游流细化分析来看（见表4-2），其主要客源地省份包括湖北、湖南和河南。当以湖北作为客源地时，湖北流向上海的旅游流流量相对最大，每天有35架次的航班从湖北飞往上海；其次是流向广东和北京的旅游流流量相对较大，每天分别有29和28架次的航班从湖北飞往广东、北京；最后是流向云南的旅游流流量也相对较大，每天从湖北飞往云南的航班为13架次。而仅从航班架次来看，湖北流向贵州和浙江的旅游流流量相对较小，因为湖北距离这两个省份较近，不能完全用航班说明问题；其次是流向山东、天津的旅游流流量也较小。与2017年年底数据相比，以湖北省为客源地时旅游流流向有所变化，但变化不明显，流向各省市的客流量除了天津有所下降外，其他均有所增加。

当以湖南省作为客源地时，湖南流向上海和北京的航班相对最多，每天分别有35和26架次的航班从湖南飞往上海和北京；其次是流向山东和重庆，每天都有16架次的航班飞往两地；最后是流向天津，每天有13架次的航班从湖南飞往天津。而仅从航班架次来看，湖南流向湖北、河南和河北的旅游流流量最小，每天没有航班，由于湖南距离湖北比较近，不能完全用航班说明问题。与2017年年底数据相比，以湖南省为客源地时旅游流流向无明显变化，上海、北京和重庆仍是湖南前三大旅游流，而山东跃居与重庆并列第三。

当以河南省作为客源地时，河南流向广东的旅游流流量相对最大，每天有34架次的航班从河南飞往广东；其次是上海、四川和云南，每天分别有22、20和19架次的航班从河南飞往三地；最后是浙江和福建，每天分别有16和15架次的航班从河南飞往两地。而仅从航班架次来看，每天没有航班从河南飞往湖南和湖北，由于河南距离湖南、湖北较近，不能完全用航班说明问题，此外也没有飞往河北和山东的航班。河南流向天津、北京和江苏的旅游流流量相对较小，每天分别有1、4、1架次的航班。与2017年年底数据相比，以河南省作为客源地时旅游流流向变化不明显，总体上广东仍然是最大旅游流，流向四川的旅游流增幅最大，流向重庆的旅游流降幅最大。

（五）以东北地区为客源地的旅游流空间分布

当以东北地区为客源地时（见表4-1），可以看出从该客源区域流向长三角经济区的旅游流相对最大，每天有66架次的航班从该区域飞往长三角经济区的主要目的地省（市）。最后是流向珠三角经济区的旅游流，每天有42架次的航班飞往该区域的主要目的地省份。再次是中部地区的重要旅游目的地省份，每天有31架次的航班。而东北地区流向环渤海经济区和云贵地区的旅游流在主要目的地中相对最小，每天分别仅有12和17架次的航班从东北地区流向两区域主要目的地。与2017年年底数据相比，以东北地区为客源地的旅游流流向无明显变化，珠三角、长三角仍是两大旅游流，中部地区旅游流流量有小幅度增长，其中流向长三角经济区的旅游流增幅最大，环渤海经济区有所下降。

从东北地区主要客源省份的旅游流细化分析来看（见表4-2），东北地区包括东北三省——黑龙江、辽宁、吉林，目前最具潜力的客源地仅有辽宁省。对于其旅游流空间分布来说，客流量相对最大的城市是上海，每天有39架次航班；其次是广东，每天有34架次航班从辽宁省飞往广东省；再次是四川，每天有15架次的航班从辽宁飞往四川；最后是浙江，每天有14架次的航班从辽宁飞往浙江。而仅从航班架次来看，辽宁流向山东的旅游流相对最小，每天仅有3架次的航班飞往山东。与2017年年底数据相比，以辽宁为客源地时旅游流流向变化不大，仍主要是广东、上海，其中增速最大的是上海，减速最大的是浙江，河北降为零。

（六）以成渝地区为客源地的旅游流空间分布

以成渝地区为客源地的旅游流空间分布（见表4-1），可以看出从该客源区域流向长三角和珠三角经济区的旅游流相对最大，每天分别有233和249架次的航班从成渝地区的主要客源省（市）飞往两个经济区的主要目的地省（市）。成渝地区的第三大旅游流流向是环渤海经济区，每天有191架次的航班飞往该区域的主要目的地省（市）。再次是云贵地区和中部地区的重要旅游目的地省份，每天分别有74和80架次的航班。而成渝地区流向东北地区的旅游流在主要目的地中相对最小，每天仅有28架次的航班从成渝地区流向该区域主要目的地。与2017年年底数据相比，以成渝地区为客源地的旅游流流量总体上均有所增加，其中以成渝地区流向东部三大经济区的旅游流增幅最大。

从成渝地区主要客源省（市）旅游流细化分析来看（见表4-2），四川和重庆均是我国主要客源地。当以四川作为客源地时，四川流向广东的旅游流流量相对最大，每天有128架次的航班从四川飞往广东；其次是流向北京，每天有71架次的航班从四川飞往北京；最后是上海，每天有66架次的航班。而仅从航班架次来看，四川流向河北和湖南的旅游流流量相对最小，每天分别仅有7和9架次的航班从四川飞往两地；其次是天津，每天仅有10架次的航班飞往天津。与2017年年底数据相比，以四川为客源地时旅游流流向均有所增加，仍以流向北京、广东和上海为主要旅游流，且流向三地的流量增幅最大。

当以重庆为客源地时，重庆流向广东的旅游流流量相对最大，每天有89架次的航班从重庆飞往广东；其次是流向上海，每天有58架次的航班从重庆飞往上海；最后是流向北京，每天有44架次的航班飞往北京。而仅从航班架次来看，重庆流向四川的旅游流流量相对最小，每天没有航班，由于重庆距离四川较近，不能完全用航班说明问题；其次是流向贵州的旅游流流量相对较小，每天仅有3架次的航班从重庆飞往贵州。与2017年年底数据相比，以重庆作为客源地时旅游流流向变化较大，广东、上海仍位居前列，北京跃居第三。从增长的幅度来看，上海和广东是增长较快的省份，除贵州的旅游流有所降低外，其他各省市都有所增加。

（七）以云贵地区为客源地的旅游流空间分布

当以云贵地区为客源地时（见表4-1），可以看出从该客源区域流向长三角经济区的旅游流相对最大，每天有182架次的航班从云贵地区的主要客源地省份飞往长三角经济区的主要目的地省（市）。云贵地区的第二大旅游流流向是环渤海经济区，每天有124架次的航班飞往该区域的主要目的地省（市）。再次是珠三角的重要旅游目的地省份，每天有107架次的航班飞往珠三角经济区。最后是成渝地区，每天有76架次的航班飞往成渝地区。而云贵地区流向东北地区的旅游流在主要目的地中相对最小，每天仅有17架次的航班从云贵地区飞往该区域主要目的地。

从云贵地区主要客源省份旅游流细化分析来看（见表4-2），云南和贵州均是我国重要客源地。当以云南作为客源地时，云南流向广东的旅游流流量相对最大，每天有64架次的航班从云南飞往广东；其次是流向上海，每天有55架次的航班；最后是流向北京，每天有37架次的航班从云南飞往北京。而仅从航班架次来看，云南流向贵州的旅游流流量相对最小，每天仅有1架次的航班从云南飞往贵州；其次是河北，每天仅有7架次的航班飞往该地。

当以贵州作为客源地时，贵州流向浙江的旅游流流量相对最大，每天有 29 架次的航班从贵州飞往浙江；其次是流向上海，每天有 27 架次的航班；再次是流向北京和广东，每天分别有 23 和 19 架次的航班从贵州飞往两地。而仅从航班架次来看，贵州流向湖南和云南的旅游流流量相对最小，每天均仅有 1 架次的航班从贵州飞往两地；其次是重庆，每天有 3 架次的航班从贵州飞往重庆。

二、中尺度旅游客流分析

中尺度旅游客流分析主要是指区域内部、周边省份以及省级内部各城市的旅游流，一般物理距离均在 100~500 公里。在此主要选择内部流动较大的环渤海经济区、长三角经济区以及珠三角经济区等几个区域进行分析。

（一）环渤海经济区内部旅游流

从环渤海经济区内部来看，北京作为我国经济、政治和文化中心，无疑是环渤海内部最大的一个客源地，也是最主要的目的地。天津作为我国重要的直辖市，也是我国重要的客源地和目的地。在河北省内，北戴河改造完工的火车站于 2011 年开始投入运营，考虑到北戴河作为环渤海地区的主要旅游目的地，所以将其也纳入统计范围。对于山东来说，由于其经济在全国发展水平较高，其各个地级市均可作为重要的客源地。而对于目的地来说，选择山东旅游业发展较好的地级市作为目的地，具体选择济南、威海、烟台、潍坊和济宁。

当以北京为客源地时，整体上可以看出北京流向天津和石家庄的旅游流流量最大，每天分别有 157 和 158 次列车从北京发往天津和石家庄，这一方面反映京津冀的经济关联性，另一方面表明了天津和石家庄是北京在环渤海经济区最主要的目的地。我们将秦皇岛、北戴河作为旅游流考察目的地，从北京到两地便利的交通在某种程度上促进两地旅游人数的增加；对于北京流向山东的旅游流来说，其中流量相对最大的城市为济南，每天有 95 次列车从北京发往济南。与 2017 年年底数据相比，以北京作为客源地时旅游流流向无明显变化，但旅游流流量总体上均有所下降。从下降的幅度来看，天津的旅游流流量降幅最大。

表 4-3 环渤海经济区内部旅游流分析

		北京	天津	河北					山东					
				石家庄	承德	北戴河	秦皇岛	保定	济南	青岛	威海	烟台	潍坊	济宁
北京		—	157	158	7	22	38	97	95	14	2	4	18	1
天津		156	—	52	2	22	69	31	80	16	1	4	20	0
河北	石家庄	150	52						20	6	3	5	11	0
	唐山	42	100						27	7	0	1	8	0
	北戴河	16	19						7	1	0	0	1	0
	秦皇岛	37	71						18	3	0	1	4	0
	邯郸	41	25			—			2	1	0	0	1	0
	邢台	49	21						2	1	0	0	1	0
	保定	95	35						2	0	0	0	0	0
	张家口	1	1						0	9	0	0	0	0
	承德	7	2						0	0	0	0	0	0
	沧州	55	58						62	13	2	4	17	0
	廊坊	40	26						18	4	0	2	5	0
	衡水	18	25						8	6	3	5	11	1
山东	济南	101	78	20	0	8	21	1						
	青岛	13	14	6	0	3	6	0						
	威海	3	2	3	0	0	0	0						
	烟台	5	4	5	0	0	0	0						
	日照	2	1	0	0	0	0	0						
	淄博	18	17	11	0	3	6	0			—			
	枣庄	11	13	1	0	1	3	0						
	东营	1	1	0	0	0	0	0						
	潍坊	19	19	11	0	3	6	0						
	济宁	1	0	0	0	0	0	0						
	泰安	33	29	5	0	4	10	1						
	滨州	1	1	0	0	0	0	0						
	德州	50	64	26	1	7	16	0						
	聊城	13	15	9	0	0	6	1						
	临沂	2	1	0	0	0	0	0						
	菏泽	13	17	6	0	0	7	0						
	莱芜	0	0	0	0	0	0	0						

注：查询地址为 http://kyfw.12306.cn/otn/leftTicket/init。
列车时间为 2018-04-20，周五。

当以天津作为客源地时,可以看出天津流向北京的旅游流流量最大,每天有 156 次列车从天津发往北京,北京是天津在环渤海经济区最主要的目的地,也就是说,在环渤海经济区,北京和天津的相互关联性较大;对于天津流向河北的旅游流来说,其中流量相对最大的城市为秦皇岛,由 2015 年的 56 次列车上升到了 2017 年的 69 次列车,而天津流向北戴河的旅游流流量为 22 次(有 22 次列车),这表明天津前往秦皇岛的旅游流大于到北戴河的旅游流;对于天津流向山东的旅游流来说,其中流量相对最大的城市为济南,每天有 80 次列车从天津发往济南。与 2017 年年底数据相比,以天津作为客源地时旅游流流向无明显变化,但旅游流流量总体上均有所下降。从下降的幅度来看,流向北京的旅游流流量降幅最大,每天减少 16 次的列车;流向北戴河和秦皇岛的旅游流流量降幅次之,分别减少 4 和 2 次。总之,在环渤海内部,北京仍为天津旅游流流量最大客源地,而流向河北的旅游流流量高于流向山东的旅游流流量。

当以河北作为客源地时,可以看出河北流向北京的旅游流流量相对最大,每天有 150 次列车从河北省会石家庄发往北京;河北流向天津的旅游流流量次之,每天有 100 次列车从河北唐山发往天津,这反映了京津冀一体化战略的良好开展与落实;对于河北流向山东的旅游流来说,每天有 62 次列车从河北沧州发往山东济南。与 2017 年年底数据相比,在环渤海内部,北京仍为河北旅游流流量最大客源地,流向天津的旅游流流量略高于流向山东的旅游流流量,但流向山东的客流量略小于流向天津的客流量。

当以山东作为客源地时,可以看出山东流向北京的旅游流流量相对最大,每天分别有 101 和 50 次列车从山东济南、德州发往北京;山东流向天津的旅游流流量次之,每天分别有 78 和 64 次列车从山东济南、德州发往天津;对于山东流向河北的旅游流来说,其中流量相对较大的城市是石家庄、北戴河和秦皇岛地区,共有 49 次列车从济南开往这三个地区。与 2017 年年底数据相比,在环渤海内部,以山东作为客源地时旅游流流向变化不大,北京仍是山东旅游流流量最大客源地,天津为山东第二大旅游流流向,但流量在这一年内均有所下降,流向河北的旅游流流量相对最小,但有所增加,这表明山东旅游客源市场的活力还有待进一步挖掘。

从环渤海经济区内部旅游流总体来看(见表 4-4),当以北京为客源地时,北京流向河北的旅游流流量相对最大,其次是流向天津的旅游流流量,最后是流向山东的旅游流流量。当以天津为客源地时,天津流向河北的旅游流流量相对最大,其次是流向北京的旅游流流量,最后是流向山东的旅游流流量。当以河北为客源地时,河北流向北京的旅游流流量相对最大,其次是流向天津的旅游流,最后是流向山东的旅游流流量。当以山东为客源地时,山东流向北京的旅游流流量相对最大,其次是流向天津的旅游流流量,最后是流向河北的旅游流流量。

总体来看,在环渤海经济区内部,每天河北发往北京的列车流量最多,说明河北流向北京的旅游流是环渤海内部最主要旅游流,而天津流向山东的旅游流流量在环渤海内部是最小的。与2017年年底数据相比,环渤海经济区内部旅游流流向有明显变化,仍以河北流向北京为第一大旅游流,河北流向天津成为第二大旅游流,北京流向河北位居第三位。而且,环渤海经济区的旅游流流量均有小幅度下降,其中河北流向北京的流量下降最多,减少了44车次的流量;山东流向河北的车次有所增加,增加了35次。

表4-4 环渤海经济区内部旅游流总体分析

	北京	天津	河北	山东
北京	—	157(-11)	322(-17)	134(-14)
天津	156(-16)	—	176(-7)	121(-2)
河北	551(-44)	435(+3)	—	303(+23)
山东	286(-12)	276(-5)	217(+35)	—

(二)长三角经济区内部旅游流

从长三角经济区内部来看,上海作为我国经济中心和国际化大都市,无疑是长三角内部最大的一个客源地也是最主要的目的地。江苏作为东部沿海省份,经济较为发达,其各个地级市均可作为重要的客源地;而就目的地来说,可选择江苏著名的旅游城市作为目的地,具体选择南京、苏州和扬州。对于同样是东部沿海省份的浙江来说,经济也较为发达,各个地级市均可作为重要的客源地;而对于目的地来说,可选择浙江著名的旅游城市作为目的地,包括杭州、宁波和绍兴。

表 4-5 长三角经济区内部旅游流分析

		上海	江苏			浙江		
			南京	苏州	扬州	杭州	宁波	绍兴
上海		—	282	244	0	179	56	48
江苏	南京	277				129	41	38
	苏州	246				43	16	15
	扬州	0		—		0	0	0
	常州	151				25	14	13
	连云港	2				1	0	0
	无锡	166				27	15	14
	泰州	0				0	0	0
	徐州	99				55	16	15
	镇江	138				25	10	9
浙江	杭州	176	127	44	0			
	宁波	50	41	17	0			
	温州	46	42	15	0		—	
	绍兴	44	34	15	0			
	嘉兴	129	28	30	0			
	金华	52	35	7	0			
	衢州	49	18	9	0			
	台州	25	19	8	0			
	丽水	15	19	4	0			

注：查询地址为 http://kyfw.12306.cn/otn/leftTicket/init。
列车时间为 2018-04-20，周五。

当以上海为客源地时，可以看出上海流向南京的旅游流流量最大，其次为苏州，每天有 282 次列车从上海发往江苏省会南京，244 次列车从上海发往江苏苏州。对于上海流向浙江的旅游流来说，其中客流量相对最大的城市是杭州，每天有 179 次列车从上海发往浙江省会杭州。与 2017 年年底数据相比，在长三角经济区内部，以上海作为客源地时旅游流流向无明显变化，流向江苏的旅游流流量仍然大于流向浙江的旅游流流量，且两省差距进一步加大，即上海流向江苏南京和苏州的旅游流流量分别增加 1 和 7 次列车，而流向浙江的旅游流有所下降，其中流向杭州和宁波的旅游流分别下降 3 和 1 次列车。

当以江苏作为客源地时,可以看出江苏流向上海的旅游流流量最大,每天有 277 次列车从江苏省会南京发往上海,有 246 次列车从苏州发往上海。对于江苏流向浙江的旅游流来说,其中流量相对最大的城市是杭州,每天有 129 次列车从江苏省会南京发往浙江省会杭州。与 2017 年年底数据相比,在长三角经济区内部,以江苏作为客源地时旅游流流向没有变化,流向上海的旅游流流量仍然最大,且增幅较大为 40;其次是流向浙江,增幅为 17。

当以浙江作为客源地时,可以看出浙江流向上海的客流量最大,每天有 176 次列车从浙江省会杭州发往上海。对于浙江流向江苏的旅游流来说,其中客流量相对最大的城市是南京,每天有 127 次列车从浙江杭州发往江苏南京。与 2017 年年底数据相比,在长三角经济区内部,以浙江作为客源地时旅游流流向基本没有变化,流向上海的流量仍位居第一位,其次是流向江苏,但流向江苏的旅游流流量增幅大于流向上海。

表 4-6 长三角经济区内部旅游流总体分析

	上海	江苏	浙江
上海	—	526(+8)	283(-4)
江苏	807(+40)	—	521(+17)
浙江	586(-3)	520(+22)	—

从长三角经济区内部旅游流总体来看(见表 4-6),当以上海为客源地时,上海流向江苏的旅游流流量相对最大,其次是流向浙江的旅游流流量。当以江苏为客源地时,江苏流向上海的旅游流流量相对最大,其次是流向浙江的旅游流流量。当以浙江为客源地时,浙江流向上海的旅游流流量相对最大,其次是流向江苏的旅游流流量。

总体来看,在长三角经济区内部,每天江苏流向上海的旅游流流量相对最大,是长三角经济区内部最主要的旅游流,而上海流向浙江的旅游流流量在长三角内部最小。与 2017 年年底数据相比,长三角经济区内部旅游流流向没有变化,仍以江苏流向上海为第一大旅游流,浙江流向上海为第二大旅游流,上海流向江苏为第三大旅游流;但在流向结构上,江苏流向上海的客流量上升幅度最大。

(三)泛珠三角经济区内部旅游流

从泛珠三角经济区内部来看,广东经济发达,无疑是泛珠三角经济区内部最大的一个客源地,也是最主要的目的地。福建各地级市均可作为重要的客源

第四章 国内旅游客流空间流动特征
Chapter 4 Spatial Characteristics of China Domestic Tourist Flow

地,而对于目的地来说,选取旅游业发展较好的地级市,具体选择福州和厦门。广西各地级市也可作为重要的客源地,而对于目的地来说,选取旅游业发展较好的地级市,具体选择南宁和桂林。

表4-7 泛珠三角经济区内部旅游流分析

		广东			福建		广西	
		广州	深圳	珠海	福州	厦门	南宁	桂林
广东	广州				0	4	60	52
	深圳				24	51	4	5
	韶关				0	0	0	1
	佛山				0	1	3	26
	江门				0	0	0	0
	湛江				0	0	2	2
	茂名				0	1	3	0
	肇庆				0	1	35	26
	惠州				19	39	1	1
	梅州				0	2	1	0
	河源				0	2	1	0
	东莞				0	2	1	0
福建	福州	0	25	0			0	0
	厦门	2	49	0			1	0
	漳州	2	31	0			1	0
	龙岩	2	3	0			1	0
	三明	0	2	0			0	0
	南平	0	3	0			0	0
广西	南宁	60	4	2	0	1		
	柳州	16	3	0	0	0		
	桂林	51	5	2	0	0		
	贵港	44	4	2	0	1		
	玉林	7	3	0	0	1		
	百色	18	1	1	0	1		
	来宾	7	0	0	0	0		
	崇左	0	0	0	0	0		

注:查询地址为http://kyfw.12306.cn/otn/leftTicket/init。
列车时间为2018-04-20,周五。

当以广东作为客源地时，可以看出广东流向广西的旅游流流量相对最大，其中流量最大的是每天有 60 次列车从广东省广州市发往广西区会南宁市；对于广东流向福建的旅游流来说，其中客流量相对最大的城市是厦门，每天分别有 24 和 39 次列车从广东深圳和惠州发往厦门。与 2017 年年底数据相比，在泛珠三角经济区内部，以广东作为客源地时旅游流流向和旅游流流量变化较明显，一方面，广东惠州和深圳流向福建的旅游流流量有小幅度下降；另一方面，广东广州作为主要的旅游客源地，流向广西的旅游流流量有小幅度增加。

当以福建作为客源地时，可以看出福建流向广东的旅游流流量相对最大，其中最大的流量是厦门开往深圳的流量，每天有 49 次；对于福建流向广西的旅游流来说，旅游流流量基本保持不变。与 2017 年年底数据相比，在泛珠三角经济区内部，以福建作为客源地时旅游流流向和旅游流流量变化不太明显，流向广东的流量有小幅度增长，而流向广西的流量保持不变。

当以广西作为客源地时，可以看出广西流向广东的旅游流流量相对最大，每天有 60 次列车从广西省会南宁发往广东省会广州，有 51 次列车从广西桂林发往广州；对于广西流向福建的旅游流来说，客流量保持不变。与 2017 年年底数据相比，在泛珠三角经济区内部，以广西作为客源地时旅游流流向和旅游流流量变化不明显，流向广东的流量增幅较小，南宁流向广州的旅游流增加 2 次，是广西流向广东的第一大流，依然是区域内主要流向，而流向福建的流量保持不变。

表 4-8 泛珠三角经济区内部旅游流总体分析

	广东	福建	广西
广东	—	146（0）	224（+46）
福建	119（+7）	—	3（0）
广西	230（+20）	4（0）	—

从泛珠三角经济区内部旅游流总体来看（见表 4-8），当以广东为客源地时，广东流向广西的旅游流流量相对较大，其次是流向福建的旅游流流量。当以福建为客源地时，福建流向广东的旅游流流量相对较大，其次是流向广西的旅游流流量。当以广西为客源地时，广西流向广东的旅游流流量相对较大，其次是流向福建的旅游流流量。

总体来看，广西流向广东的旅游流流量相对最大，是泛珠三角经济区内部的最主要旅游流；广东流向广西和福建的旅游流位居第二、第三，而广西流向福建和福建流向广西的旅游流流量在泛珠三角经济区内最小。与 2017 年年底数据相比，较大的几个旅游流都有较大的增幅，且较均衡；而旅游流流量较小的旅游流保持不变。

（四）中部六省之间的旅游流

中部六省包括河南、湖北、湖南、安徽、山西和江西。其中经济相对较发达的是湖北、湖南和河南，其他三省相对比较落后，所以选取湖北、湖南和河南 3 个省份的各地级市作为重要的客源地。而对于目的地来说，湖北、湖南、河南和安徽的旅游业发展相对较好，所以选取这 4 个省份的旅游业发展相对较好的地级市作为目的地，湖北省具体选择武汉、宜昌和十堰，湖南省具体选择长沙、张家界和衡阳，河南省具体选择郑州、开封、洛阳和焦作，安徽省具体选择合肥、黄山和池州。

当以湖北为客源地时，可以看出湖北流向湖南的旅游流流量相对最大，其中客流量相对最大的城市是长沙，每天有 146 次列车从湖北省会武汉发往湖南省会长沙；对于湖北流向河南的旅游流来说，其中客流量相对最大的城市是郑州，每天有 121 次列车从湖北省会武汉发往河南省会郑州；对于湖北流向安徽的旅游流来说，其中客流量相对最大的城市是合肥，每天有 55 次列车从湖北省会武汉发往安徽省会合肥。与 2017 年年底数据相比，在中部六省之间，以湖北作为客源地时旅游流流向基本没有变化，旅游流流量小幅度增加，其中以湖北流向河南的旅游流流量增幅最大。

当以湖南作为客源地时，可以看出湖南流向湖北的旅游流流量相对最大，其中客流量相对最大的城市是武汉，每天会有 146 次列车从湖南省会长沙发往湖北省会武汉；对于湖南流向河南的旅游流来说，其中客流量相对最大的城市是郑州，每天有 80 次列车从湖南省会长沙发往河南省会郑州；对于湖南流向安徽的旅游流来说，其中客流量相对最大的城市是合肥，每天有 10 次列车从湖南长沙发往合肥。与 2017 年年底数据相比，在中部六省之间，以湖南作为客源地时旅游流流向基本没有变化，旅游流流量变化较小，其中以湖南流向湖北的旅游流流量增幅最大。

当以河南作为客源地时，可以看出河南流向湖北的旅游流流量相对最大，其中客流量相对最大的城市是武汉，每天有 121 次列车从河南省会郑州发往湖北省会武汉；对于河南流向湖南的旅游流来说，其中客流量相对最大的城市是长沙，每天有 80 次列车从河南省会郑州发往湖南省会长沙；对于河南流向安徽的旅游流来说，其中客流量相对最大的城市是合肥，每天均有10次列车从河南商丘和信阳发往安徽省会合肥。与2017年底相比，在中部六省之间，以河南作为客源地时旅游流流向基本没有变化，旅游流流量大幅度增加，其中以河南流向湖北的旅游流流量增幅最大。

表4-9 中部六省之间旅游流（列车次数）

		湖北			湖南			河南			安徽		
		武汉	宜昌	十堰	长沙	张家界	衡阳	郑州	开封	洛阳	合肥	黄山	池州
湖北	武汉				146	1	75	121	4	21	55	1	0
	黄石				0	0	0	8	0	3	0	1	0
	十堰				3	0	2	9	3	0	3	0	0
	宜昌				11	2	6	8	0	0	21	0	0
	襄阳		—		10	6	6	14	3	5	4	0	0
	荆州				5	0	5	6	0	0	19	0	0
	荆门				6	6	4	2	0	3	0	0	0
	鄂州				0	0	0	7	0	3	0	1	0
	孝感				23	0	14	21	0	5	1	0	0
	黄冈				1	0	0	1	0	0	0	0	0
	咸宁				58	0	34	25	3	4	5	0	0
	随州				3	0	2	1	0	2	1	0	0
	恩施				4	0	1	5	0	0	15	0	0
湖南	长沙	146	11	3				80	3	14	10	2	0
	株洲	45	7	3				21	2	7	4	2	3
	湘潭	8	0	0				6	1	0	1	1	1
	衡阳	80	7	3				35	2	11	5	2	2
	邵阳	6	0	0				3	1	0	2	1	0
	岳阳	101	4	2		—		50	3	11	7	0	0
	张家界	1	2	0				2	0	2	0	0	0
	益阳	1	4	1				1	0	1	0	0	0
	常德	1	4	4				1	0	1	0	0	0
	娄底	12	0	0				10	1	0	3	2	1
	郴州	67	6	3				31	2	9	3	2	0
	永州	16	0	0				11	0	0	2	0	2
	怀化	17	2	0				15	1	2	2	2	1

续表

		湖北			湖南			河南			安徽		
		武汉	宜昌	十堰	长沙	张家界	衡阳	郑州	开封	洛阳	合肥	黄山	池州
河南	郑州	121	7	10	80	2	36				10	2	0
	洛阳	22	0	0	15	2	10				7	1	0
	商丘	15	1	3	10	0	5				14	2	0
	安阳	28	2	3	15	2	8				0	0	0
	南阳	2	0	5	1	3	1				2	0	0
	开封	8	0	3	5	0	3		—		7	0	0
	平顶山	7	1	9	3	2	4				2	0	0
	焦作	0	0	1	0	2	0				0	0	0
	新乡	29	1	5	17	3	10				0	0	0
	鹤壁	20	0	2	11	1	6				0	0	0
	许昌	56	0	2	35	1	19				0	0	0
	漯河	70	2	3	40	1	15				1	0	0
	三门峡	7	0	0	4	0	2				4	0	0
	信阳	91	1	1	54	1	32				10	0	0
	周口	2	0	0	1	0	1				0	0	0
	驻马店	71	2	0	46	1	30				2	0	0
	济源	1	0	1	0	1	0				0	0	0

从中部六省内部旅游流总体来看（见表4-10），当以湖北省为客源地时，湖北流向湖南的旅游流流量相对最大，其次是流向河南的旅游流流量，最后是流向安徽的旅游流流量。当以湖南为客源地时，湖南流向湖北的旅游流流量相对最大，其次是流向河南的旅游流流量，最后是流向安徽的旅游流。当以河南为客源地时，河南流向湖北的旅游流流量相对最大，其次是流向湖南的旅游流流量，最后是流向安徽的旅游流流量。

总体来看，河南流向湖北的旅游流流量相对最大，是中部六省之间最主要的旅游流；河南流向湖南的旅游流流量紧随其后，而湖南流向安徽和河南流向安徽的旅游流流量在中部六省内部是最小的。与2017年年底数据相比，中部六省之间旅游流流向有明显变化，河南流向湖北的旅游流流量仍保持第一，河南流向湖南和湖南流向湖北的旅游流是第二、第三大旅游流。中部六省之间旅游流总体流量均有所增加，其中湖北流向河南的旅游流流量增幅最大，湖北与安徽、湖南与湖北、湖南与安徽之间的旅游流流量增幅较大,这表明河南、湖南、湖北三省之间的经济关联开始越来越密切。

表 4-10 中部六省内部旅游流总体分析

	湖北	湖南	河南	安徽
湖北	—	434（-6）	287（+15）	127（+12）
湖南	564（+5）	—	340（-24）	63（+5）
河南	615（-4）	543（-37）	—	64（-2）

三、旅游流通道便捷度

（一）旅游流通道便捷指数

旅游流通道便捷指数主要是指旅游流在通道中流动时的便利快捷程度。该指数的大小主要与目的地之间航班次数、列车班次以及旅游流通道长度有很大关系。为了更好地反映出旅游流通道的便捷度,借助通道便捷指数公式对各区域旅游流进行计算。具体公式如下:

$$J = \frac{H \cdot \gamma + L \cdot \sigma + G \cdot \chi + D \cdot \varepsilon + \cdots\cdots}{R}$$

其中,J 表示旅游交通便捷指数;H 表示航班次数;L 表示列车次数;G 表示旅游大巴班次;D 表示地铁等城市有轨列车班次;"……"表示其他交通方式的次数。R 表示北京与对流省市之间的物理距离;ε、γ、σ、χ 均表示待定系数。

旅游流通道长度主要是指旅游流空间流动轨迹的长度。由于省际旅游流通道长度即为航空距离,因此旅游流通道长度选取航空距离。将距离 800 千米以内的省（市、区）划分为近距离对流省（市、区）,将距离在 801~1500 千米省（市、区）定为中距离对流省（市、区）,将距离在 1500 千米以上省（市、区）作为远距离对流省（市、区）。

旅游流通道广度是指目的地之间旅游流流动时各种有效可替代交通方式的种类,其中有效可替代交通方式是指在便利程度和快捷程度方面相当的交通方式。一般来说,可替代交通方式越多旅游通道的广度越广,可替代交通方式越少,旅游流通道的广度越窄。对于国际间入境旅游流来说,可替代性相对较弱,绝大多数旅游流仅能依靠航空方式。而对于省际旅游流来说，除了航空方式外，还可选择铁路作为替代工具。对于区内旅游流通道来说，除了以上各种交通方式外，还有国道、省道以及旅游专线等作为替代。对于市区的旅游流通道来说，其可替代的交通方式最多。总体来看，空间尺度越小，旅游流通道的广度越广。具体对近距离旅游流通道宽度来说，由于游客对铁路便捷性的心理感知要强于航空，所以分别对 γ 取值 10，对 σ 取值为 15，即旅游流通道宽度用 H10+L15 来计算；对于中距离旅游流通道宽度来说，由于游客对航空和铁路的便捷度心理感知差异不大，所以对 γ 和 σ 平均取值为 10，即旅游流通道宽度用 H10+L10 来计算；对于远距离旅游流通道宽度来说，由于游客对航空的便捷度感知要远远大于铁路，所以分别对 γ 取值 15，对 σ 取值 5，即旅游流通道宽度用 H15+L5 来计算。

根据旅游流便捷指数计算公式对各经济区之间的旅游流通道便捷度进行计算。

（二）旅游流通道便捷度分析

1. 以环渤海经济区为客源地的旅游流通道便捷度分析

在环渤海经济区，北京的经济实力最强，旅游业发展也最好，因此选取北京作为环渤海经济区的代表。从流向环渤海内部来看，北京流向天津的旅游流通道便捷度大于流向河北的旅游流通道便捷度，而北京流向河北的旅游流通道便捷度大于流向山东的旅游流通道便捷度；从流向长三角经济区来看，北京流向上海的旅游流通道便捷度大于流向江苏的旅游流通道便捷度，而北京流向江苏的旅游流通道便捷度大于流向浙江的旅游流通道便捷度；从流向珠三角经济区来看，北京流向广东的旅游流通道便捷度大于流向福建的旅游流通道便捷度；从流向中部地区来看，北京流向河南的旅游流通道便捷度大于流向山西的旅游流通道便捷度，北京流向山西的旅游流通道便捷度大于流向湖北的旅游流通道便捷度，北京流向湖北的旅游流通道便捷度大于流向湖南的旅游流通道便捷度，北京流向湖南的旅游流通道便捷度大于流向安徽的旅游流通道便捷度；从流向其他地区来看，北京流向东北地区的旅游流通道便捷度大于流向成渝地区的旅游流通道便捷度，北京流向成渝地区的旅游流通道便捷度大于流向云贵地区的旅游流通道便捷度。

从省际通道便捷度总体来看，北京流向天津的旅游流通道便捷度最大，旅游流通道便捷指数为 19.62。然后，依次是河北、山东、河南、上海和辽宁。而北京流向福建、云南和安徽地区的旅游流通道便捷度最小，旅游流通道便捷指数为 0.20、0.25 和 0.29。

从区域通道便捷度总体来看，以环渤海经济区为客源地时，环渤海经济区流向东北地区的旅游流通道便捷度相对最大，旅游流通道便捷指数为 1.22；其次是流向中部地区的旅游流通道便捷度较大，旅游流通道便捷指数为 0.91；最后是流向长三角经济区的旅游流通道便捷度，旅游流通道便捷指数为 0.88。而环渤海经济区流向云贵地区的旅游流通道便捷度最小，其旅游流通道便捷指数仅为 0.25；其次是流向珠三角地区和成渝地区的旅游流通道便捷度较小，旅游流通道便捷指数分别为 0.58 和 0.71。

表 4-11 以环渤海经济区为客源地的旅游流通道

北京流向		通道长度（千米）	航班次数（次/天）	列车次数（次/天）	通道广度	省际通道便捷指数	区域通道便捷指数
环渤海	天津	120	0	157	2355	19.62	7.73
	河北	392	0	158	2370	6.05	
	山东	412	2	95	1445	3.51	
长三角	上海	1178	104	43	1470	1.25	0.88
	浙江	1200	47	18	650	0.54	
	江苏	981	23	61	840	0.86	
珠三角	广东	1967	121	14	1885	0.96	0.58
	福建	1681	19	9	330	0.20	
中部地区	河南	690	4	96	1480	2.15	0.91
	湖南	1446	25	34	590	0.41	
	湖北	1133	28	56	840	0.74	
	安徽	959	9	19	280	0.29	
	山西	522	9	28	510	0.98	
东北地区	辽宁	649	9	47	795	1.22	1.22
成渝地区	四川	1630	75	8	1165	0.71	0.71
云贵地区	云南	2266	35	7	560	0.25	0.25

注：查询地址为 http://flight.elong.com/；http://kyfw.12306.cn/otn/leftTicket/init。
航班时间为 2018-04-20，周五。

2. 以长三角经济区为客源地的旅游流通道便捷度分析

在长三角经济区，上海的经济实力最强，旅游业发达，因此选取上海作为长三角经济区的代表。从流向长三角内部来看，上海流向浙江的旅游流通道便捷度大于流向江苏的旅游流通道便捷度；从流向环渤海经济区来看，上海流向北京的旅游流通道便捷度大于流向山东的旅游流通道便捷度，上海流向山东的旅游流通道便捷度大于流向天津的旅游流通道便捷度，上海流向天津的旅游流通道便捷度大于流向河北的旅游流通道便捷度；从流向珠三角经济区来看，上海流向广东的旅游流通道便捷度大于流向福建的旅游流通道便捷度；从流向中部地区来看，上海流向安徽的旅游流通道便捷度大于流向湖北的旅游流通道便捷度，上海流向湖北的旅游流通道便捷度大于流向湖南的旅游流通道便捷度，上海流向湖南的旅游流通道便捷度大于流向河南的旅游流通道便捷度，上海流向河南的旅游流通道便捷度大于流向山西的旅游流通道便捷度；从流向其他地区来看，上海流向成渝地区的旅游流通道便捷度大于流向云贵地区的旅游流通道便捷度，上海流向云贵地区的旅游流通道便捷度大于流向东北地区的旅游流通道便捷度。

从省际通道便捷度总体来看，上海流向浙江的旅游流通道便捷度最大，旅游流通道便捷指数为19.46。然后，依次是江苏、安徽、广东、北京、湖北和福建。而上海流向山西的旅游流通道便捷度最小，旅游流通道便捷指数为0.22。

从区域通道便捷度总体来看，以长三角经济区为客源地时，长三角经济区流向珠三角经济区的旅游流通道便捷度相对最大，旅游流通道便捷指数为1.31；其次是流向中部地区的旅游流通道便捷度较大，旅游流通道便捷指数为0.97；最后是流向环渤海经济区的旅游流通道便捷度，旅游流通道便捷指数为0.75。而长三角经济区流向东北地区的旅游流通道便捷度最小，旅游流通道便捷指数仅为0.36；其次是流向云贵地区和成渝地区的旅游流通道便捷度较小，旅游流通道便捷指数分别为0.40和0.59。

表4-12　以长三角经济区为客源地的旅游流通道

上海流向		通道长度（千米）	航班次数（次/天）	列车次数（次/天）	通道广度	省际通道便捷指数	区域通道便捷指数
环渤海	北京	1178	105	49	1540	1.31	0.75
	天津	1133	28	34	620	0.55	
	河北	1130	13	11	240	0.21	
	山东	852	8	72	720	0.94	

续表

上海流向		通道长度（千米）	航班次数（次/天）	列车次数（次/天）	通道广度	省际通道便捷指数	区域通道便捷指数
长三角	浙江	138	0	179	2685	19.46	17.52
	江苏	273	2	282	4250	15.57	
珠三角	广东	1308	198	11	2090	1.60	1.31
	福建	678	25	29	685	1.01	
中部地区	河南	887	22	38	600	0.68	0.97
	湖南	964	35	29	670	0.70	
	湖北	761	35	35	875	1.15	
	安徽	412	2	57	875	2.12	
	山西	1238	20	7	270	0.22	
东北地区	辽宁	1364	39	10	490	0.36	0.36
成渝地区	四川	1782	67	9	1050	0.59	0.59
云贵地区	云南	2042	52	7	815	0.40	0.40

注：查询地址为http://flight.elong.com/；http://kyfw.12306.cn/otn/leftTicket/init。
航班时间为2018-04-20，周五。

3. 以珠三角经济区为客源地的旅游流通道便捷度分析

在珠三角经济区，广东的经济实力最强，旅游业最发达，因此选取广东作为珠三角经济区的代表。从珠三角流向环渤海地区来看，广东流向北京的旅游流通道便捷度大于流向山东的旅游流通道便捷度，广东流向山东的旅游流通道便捷度大于流向天津的旅游流通道便捷度，广东流向天津的旅游流通道便捷度大于流向河北的旅游流通道便捷度；从流向长三角地区来看，广东流向上海的旅游流通道便捷度大于流向浙江的旅游流通道便捷度，广东流向浙江的旅游流通道便捷度大于流向江苏的旅游流通道便捷度；从流向中部地区来看，广东流向湖南的旅游流通道便捷度大于流向湖北的旅游流通道便捷度，广东流向湖南的旅游流通道便捷度大于流向湖北的旅游流通道便捷度，广东流向湖北的旅游流通道便捷度大于流向河南的旅游流通道便捷度，广东流向河南的旅游流通道便捷度大于流向安徽的旅游流通道便捷度，广东流向安徽的旅游流通道便捷度大于流向山西的旅游流通道便捷度；从流向其他地区来看，广东流向成渝地区的旅游流通道便捷度大于流向珠三角福建的旅游流通到便捷度,广东流向珠三角福建的旅游流通道便捷度大于流向云贵地区的旅游流通道便捷度,广东流向云贵地区的旅游流通道便捷度大于流向东北地区的旅游流通道便捷度。

从省际通道便捷度总体来看,广东流向湖南的旅游流通道便捷度最大,旅游流通道便捷指数为3.77。然后,依次是上海、湖北和四川,而广东流向山西的旅游流通道便捷度最小,旅游流通道便捷指数为0.09。

从区域通道便捷度总体来看,以珠三角经济区为客源地时,珠三角经济区流向中部地区的旅游流通道便捷度最大,旅游流通道便捷指数为1.20;其次是流向长三角经济区的旅游流通道便捷度较大,旅游流通道便捷指数为1.07;最后是流向成渝地区的旅游流通道便捷度较大,旅游流通道便捷指数为1.02。而珠三角经济区流向东北地区的旅游流通道便捷度相对最小,旅游流通道便捷指数为0.20;其次是流向环渤海经济区和云贵地区的旅游流通道便捷度较小,旅游流通道便捷指数分别为0.48和0.61。

表4-13 以珠三角经济区为客源地的旅游流通道

广东流向		通道长度（千米）	航班次数（次/天）	列车次数（次/天）	通道广度	省际通道便捷指数	区域通道便捷指数
环渤海	北京	1967	121	15	1890	0.96	0.48
	天津	1910	43	8	685	0.36	
	河北	1822	15	22	335	0.18	
	山东	1664	44	4	680	0.41	
长三角	上海	1308	198	11	2090	1.60	1.07
	浙江	1099	92	12	1040	0.95	
	江苏	1255	77	4	810	0.65	
珠三角	福建	763	27	0	270	0.35	0.35
中部地区	河南	1389	34	41	750	0.54	1.20
	湖南	620	6	152	2340	3.77	
	湖北	873	29	94	1230	1.41	
	安徽	1105	15	6	210	0.19	
	山西	1722	10	2	160	0.09	

续表

广东流向		通道长度 （千米）	航班次数 （次/天）	列车次数 （次/天）	通道广度	省际通道 便捷指数	区域通道 便捷指数
东北地区	辽宁	2672	34	5	535	0.20	0.20
成渝地区	四川	1390	128	14	1420	1.02	1.02
云贵地区	云南	1357	64	19	830	0.61	0.61

注：查询地址为 http：//flight.elong.com/；http：//kyfw.12306.cn/otn/leftTicket/init。
航班时间为 2018-04-20，周五。

4. 以中部地区为客源地的旅游流通道便捷度分析

在中部地区，湖南的经济实力稍强，旅游业发展也相对较好，因此选取湖南作为中部地区的代表。从流向环渤海地区来看，湖南流向北京的旅游流通道便捷度大于流向河北的旅游流通道便捷度，湖南流向河北的旅游流通道便捷度大于流向山东的旅游流通道便捷度，湖南流向山东的旅游流通道便捷度大于流向天津的旅游流通道便捷度；从流向长三角地区来看，湖南流向江苏的旅游流通道便捷度大于流向上海的旅游流通道便捷度，湖南流向上海的旅游流通道便捷度大于流向浙江的旅游流通道便捷度；从流向珠三角地区来看，湖南流向广东的旅游流通道便捷度大于流向福建的旅游流通道便捷度；从流向中部地区内部来看，湖南流向湖北的旅游流通道便捷度大于流向河南的旅游流通道便捷度，湖南流向河南的旅游流通道便捷度大于流向安徽的旅游流通道便捷度，湖南流向安徽的旅游流通道便捷度大于流向山西的旅游流通道便捷度；从流向其他地区来看，湖南流向云贵地区的旅游流通道便捷度大于流向成渝地区的旅游流通道便捷度，湖南流向成渝地区的旅游流通道便捷度大于流向东北地区的旅游流通道便捷度。

从省际通道便捷度总体来看，湖南流向湖北的旅游流通道便捷度最大，旅游流通道便捷指数为6.91。然后是广东，旅游流通道便捷指数为3.68。而湖南流向山西的旅游流通道便捷指数最小，旅游流通道便捷指数为0.08。

从区域通道便捷度总体来看，以中部地区为客源地时，中部地区内部的旅游流通道便捷度最大，旅游流通道便捷指数为2.08；其次是中部地区流向珠三角经济区的旅游流通道便捷度较大，旅游流通道便捷指数为1.95；最后是流向长三角的旅游流通道便捷度较大，旅游流通道便捷指数为0.68。而中部地区流向东北地区的旅游流通道便捷度相对最小,旅游流通道便捷指数为0.09;其次是流向成渝地区、环渤海经济区和云贵地区的旅游流通道便捷度较小,旅游流通道便捷指数分别为0.14、0.29和0.33。

表4-14 以中部地区为客源地的旅游流通道

湖南流向		通道长度（千米）	航班次数（次/天）	列车次数（次/天）	通道广度	省际通道便捷指数	区域通道便捷指数
环渤海	北京	1446	26	39	650	0.45	0.29
	天津	1353	13	8	148	0.11	
	河北	1249	2	47	490	0.39	
	山东	1228	16	9	250	0.20	
长三角	上海	964	35	29	640	0.66	0.68
	浙江	805	8	42	500	0.62	
	江苏	799	5	12	230	0.77	
珠三角	广东	620	6	148	2280	3.68	1.95
	福建	743	9	5	165	0.22	
中部地区	河南	828	0	80	800	0.97	2.08
	湖北	317	0	146	2190	6.91	
	安徽	641	8	10	230	0.36	
	山西	1174	8	1	90	0.08	
东北地区	辽宁	2194	12	3	195	0.09	0.09
成渝地区	四川	940	8	5	130	0.14	0.14
云贵地区	云南	1116	12	25	370	0.33	0.33

注：查询地址为 http://flight.elong.com/http://kyfw.12306.cn/otn/leftTicket/init。
航班时间为2018-04-20,周五。

5.以东北地区为客源地的旅游流通道便捷度分析

在东北地区,辽宁的经济实力较强,旅游业发展也相对较好,因此选取辽宁作为东北地区的代表。从流向环渤海地区来看,辽宁流向北京的旅游流通道便捷度大于流向天津的旅游流通道便捷度,辽宁流向天津的旅游流通道便捷度大于流向山东的旅游流通道便捷度,辽宁流向山东的旅游流通道便捷度大于流向河北的旅游流通道便捷度；从流向长三角地区来看，辽宁流向上海的旅游流通道便捷度大于流向江苏的旅游流通道便捷度，辽宁流向江苏的旅游流通道便捷度大于流向浙江的旅游流通道便捷度；从流向珠三角地区来看，辽宁流向广东的旅游流通道便捷度略大于流向福建的旅游流通道便捷度；从流向中部地区来看，辽宁流向河南的旅游流通道便捷度大于流向湖北的旅游流通道便捷度，辽宁流向湖北的旅游流通道便捷度大于流向山西的旅游流通道便捷度，辽宁流向山西的旅游流通道便捷度大于流向湖南的旅游流通道便捷度，辽宁流向湖南的旅游流通道便捷度大于流向安徽的旅游流通道便捷度；从流向其他地区来看，辽宁流向成渝地区的旅游流通道便捷度等于流向云贵地区的旅游流通道便捷度。

从省际通道便捷度总体来看，辽宁流向北京的旅游流通道便捷度最大，旅游流通道便捷指数为1.25。辽宁流向各地区的旅游流通道便捷指数均小于1.0，其中辽宁流向福建和云南的旅游流通道便捷度较小，旅游流通道便捷指数均为0.06。

从区域通道便捷指数来看，东北地区流向环渤海经济区的旅游流通道便捷度较大，旅游流通道便捷指数为0.68；其次是流向长三角经济区的旅游流通道便捷度较大，旅游流通道便捷指数为0.22；最后是流向珠三角经济区的旅游流通道便捷度较大，旅游流通道便捷指数为0.13。而东北地区流向云贵地区的旅游流通道便捷度最小，旅游流通道便捷指数为0.06；其次是流向成渝地区和中部地区的旅游流通道便捷度较小，旅游流通道便捷指数分别为0.10和0.11。

表4-15 以东北地区为客源地的旅游流通道

辽宁流向		通道长度（千米）	航班次数（次/天）	列车次数（次/天）	通道广度	省际通道便捷指数	区域通道便捷指数
环渤海	北京	649	9	48	810	1.25	0.68
	天津	829	0	80	800	0.97	
	河北	974	0	18	180	0.18	
	山东	900	3	24	270	0.30	
长三角	上海	1364	39	10	490	0.36	0.22
	浙江	1849	14	6	240	0.13	
	江苏	1630	13	15	270	0.17	

第四章 国内旅游客流空间流动特征
Chapter 4 Spatial Characteristics of China Domestic Tourist Flow

续表

辽宁流向		通道长度（千米）	航班次数（次/天）	列车次数（次/天）	通道广度	省际通道便捷指数	区域通道便捷指数
珠三角	广东	2672	34	5	535	0.20	0.13
	福建	2042	8	1	125	0.06	
中部地区	河南	1339	9	15	240	0.18	0.11
	湖南	2191	11	3	180	0.08	
	湖北	1859	11	8	205	0.11	
	安徽	1608	7	1	110	0.07	
	山西	1171	7	5	120	0.10	
成渝地区	四川	2346	15	2	235	0.10	0.10
云贵地区	云南	2935	11	2	175	0.06	0.06

注：查询地址为http：//flight.elong.com/；http：//kyfw.12306.cn/otn/leftTicket/init。
航班时间为2018-04-20，周五。

6. 以成渝地区为客源地的旅游流通道便捷度分析

在成渝地区，四川的经济实力较强，旅游业发展也相对较好，因此选取四川作为成渝地区的代表。从流向环渤海地区来看，四川流向北京的旅游流通道便捷度大于流向河北的旅游流通道便捷度，四川流向湖北的旅游流通道便捷度大于流向山东的旅游流通道便捷度，四川流向山东的旅游流通道便捷度大于流向天津的旅游流通道便捷度；从流向长三角地区来看，四川流向上海的旅游流通道便捷度大于流向浙江的旅游流通道便捷度，四川流向浙江的旅游流通道便捷度大于流向江苏的旅游流通道便捷度；从流向珠三角地区来看，四川流向广东的旅游流通道便捷度大于流向福建的旅游流通道便捷度；从流向中部地区来看，四川流向河南的旅游流通道便捷度大于流向湖北的旅游流通道便捷度，四川流向湖北的旅游流通道便捷度大于流向湖南的旅游流通道便捷度，四川流向湖南的旅游流通道便捷度大于流向安徽的旅游流通道便捷度，四川流向安徽的旅游流通道便捷度大于流向山西的旅游流通道便捷度；从流向其他地区来看，四川流向云贵地区的旅游流通道便捷度大于流向东北地区的旅游流通道便捷度。

从省际通道便捷度总体来看，四川流向广东的旅游流通道便捷度最大，旅游流通道便捷指数为1.02。四川流向各地区的旅游流通道便捷指数均小于1.0，而四川流向天津和辽宁的旅游流通道便捷度最小,旅游流通道便捷指数均为0.10;其次是流向山东的旅游流通道便捷度较小,旅游流通道便捷指数为0.12。

从区域通道便捷度总体来看,以成渝地区为客源地时,成渝地区流向云贵地区的旅游流通道便捷度最大,旅游流通道便捷指数为0.60;其次是流向珠三角地区的旅游流通道便捷度较大,旅游流通道便捷指数为0.58;最后是流向长三角经济区的旅游流通道便捷度较大,旅游流通道便捷指数为0.36。而成渝地区流向东北地区的旅游流通道便捷度最小,旅游流通道便捷指数仅为0.10;其次是流向环渤海经济区的旅游流通道便捷度较小,旅游流通道便捷指数为0.26。

表4-16 以成渝地区为客源地的旅游流通道

四川流向		通道长度（千米）	航班次数（次/天）	列车次数（次/天）	通道广度	省际通道便捷指数	区域通道便捷指数
环渤海	北京	1630	71	8	1105	0.68	0.26
	天津	1640	10	4	170	0.10	
	河北	1357	7	12	190	0.14	
	山东	1419	15	2	170	0.12	
长三角	上海	1782	66	9	1035	0.58	0.36
	浙江	1699	31	5	490	0.29	
	江苏	1618	18	13	335	0.21	
珠三角	广东	1390	128	14	1420	1.02	0.58
	福建	1771	15	2	235	0.13	
中部地区	河南	1039	21	22	430	0.41	0.23
	湖南	940	9	5	140	0.15	
	湖北	1047	14	23	370	0.35	
	安徽	1392	9	9	180	0.13	
	山西	1173	9	4	130	0.11	
东北地区	辽宁	2346	15	1	230	0.10	0.10
云贵地区	云南	711	31	8	430	0.60	0.60

注:查询地址为http://flight.elong.com/;http://kyfw.12306.cn/otn/leftTicket/init.
航班时间为2018-04-20,周五。

从全国范围来看，上海流向长三角内部的旅游流通道便捷度最高，便捷度指数是 17.52；其次是北京流向环渤海内部的旅游流通道便捷度较高，便捷度指数是 7.73。北京流向东北地区、上海流向珠三角地区、广东流向中部地区、广东流向成渝地区、湖南流向中部地区内部、湖南流向珠三角经济区的旅游流通道便捷度也较高，便捷度指数均不小于 1。而辽宁流向云贵地区的旅游流通道便捷度最低，便捷度指数仅为 0.06；湖南流向东北地区的旅游流通道便捷度次之，便捷度指数均小于 0.1。从这一结果来看，旅游流通道便捷度的高低与物理距离呈负相关关系，与经济发达程度和交通便利程度则有着正相关关系。

第五章
国内旅游节假日市场特征

2007年11月9日起，国家法定节假日调整研究小组公开在网上征集对国家法定节假日调整方案的意见。根据这一方案，2007年12月，国务院将国家法定节假日由10天增加为11天，三个黄金周保留两个，取消一个，同时将除夕、清明节、端午节和中秋节四个民族传统节日纳入国家法定节假日。新方案调整后，只剩下春节和"十一"两大黄金周，清明节、端午节、中秋节等民族传统节日各休一天，加上周末的两天休假，则成了3天的中短假期。这样，每年将出现2个集中休假高峰——春节（7天）、国庆（7天）以及5个集中休假小高峰——元旦（3天）、清明（3天）、"五一"（3天）、端午（3天）、中秋（3天），出现了法定节假日与周末连休3天的小长假、黄金周和个人带薪休假并存的新局面。

法定节假日对旅游经济有一种非常强的促进作用，我国当前的旅游假日经济效应非常明显。法定节假日调整后，对旅游者的消费需求产生了极大的影响。小长假的中国法定节假日增加势必使长线游、短线游的比例发生新的变化，人们将更加倾向于选择短线就近出游。在新的节假日方案中，中秋节、清明节这些传统节日使人们旅行出游时将更倾向于选择与这些传统节日相关联的线路。由于"五一"黄金周的取消，长线旅游受到一定程度的抑制。

调整后的法定节假日，对旅游产品也将产生较大的影响。中国有许多地区还保持着一些长达百年以上的重大节日民俗文化传统，如清明假日，不少地方就结合清明扫墓踏青的风俗，推出了有特色的系列民俗活动，如放风筝、荡秋千、寻根祭祖等。高速公路网的建设、健全以及家用汽车数量的快速增长，大大提高了人们短程、短期旅行的便利程度，周末（小黄金周）出游、城郊游等短途旅行将更为便捷、更为频繁。对旅行社而言，最明显的就是其长短线产品结构的调整，大城市1000公里以内的郊区游、农家游、周边游等国内游将大规模上升。

第五章 国内旅游节假日市场特征
Chapter 5　Market Characteristics of China Domestic Tourism Holidays

一、假日旅游市场增长速度依然较快

假日旅游是当前我国旅游市场的一大热点。2017年我国国内旅游在节假日期间仍有较快的发展，其中市场规模及旅游收入均保持着10%左右的增长率。七大节假日期间，全国共接待游客总量15.21亿人次，旅游收入共12 783亿元，仅春节、国庆、清明三大节日，旅游收入就达到10 976亿元。

（一）3天小长假市场平稳增长

2017年元旦假日期间，据国家旅游局数据中心综合测算，全国共接待游客1.2亿人次，累计旅游收入679亿元人民币，旅游规模同比增长约为10.3%，累计旅游收入同比增长约为12.1%。据铁路、民航部门统计，2016年12月31日至2017年1月2日，全国铁路累计发送旅客2672.7万人次，增开旅客列车461列；全国民航预计运输旅客260万人次。

2017年清明假日期间，全国旅游市场共接待游客0.93亿人次，实现旅游总收入390亿元。清明出游以公路为主，铁路共计发送旅客约3502万人次，京津冀、长三角等地的短途列车上座率相对较高。

2017年"五一"假日期间，全国主要旅游目的地迎来接待高峰。全国共接待游客1.34亿人次，同比增长14.4%；实现总收入791亿元，同比增长16.2%。长假第一天，湖北省纳入旅游监测系统的26个重点景区共接待游客73.5万人次，实现旅游门票总收入5642万元，同比分别增长53%和5.2%。四川省成都市共接待游客878.4万人次，同比增长6.5%；旅游总收入114.25亿元，同比增长27.1%。

2017年端午假期期间，全国假日旅游市场运行平稳，共接待游客8260万人次，实现旅游收入337亿元。北京市旅游活动丰富，节日气氛浓厚，旅游秩序良好。3天假期，全市177家景区累计接待游客411.7万人次，与去年同期基本持平。营业收入1.36亿元，同比增长6.1%。重庆市在2017年端午期间共接待境内外游客838.87万人次，同比增长15.37%；实现旅游收入38.16亿元，同比增长24.91%。其中，接待国内游客831.83万人次，同比增长15.36%；接待入境游客7.04万人次，同比增长16.75%。

（二）七天长假各地再创历史新高

2017年国庆、中秋假日叠加，构成长达八天的"超级假期"，公众旅游需求集中释放，出游热情高涨，假日旅游市场保持高位运行。据国家旅游局数据中心综合测算，本次假日期间，全国共接待国内游客7.05亿人次，实现国内旅游收入5836亿元，按可比口径前7天与2016年同比计算，分别增长11.9%和13.9%。部分省（区）旅游接待人次和收入如表5-1所示。北京10月1日至8日全市旅游总人次为1237万人次，旅游综合收入95.36亿元。10月1日到7日，与上年同期相比，旅游人次增长4.5%，旅游收入增长10.6%。10月1日至7日，全市163家景区共接待游客1267万人次，与上年同期相比，增长9%。营业收入4.4亿元，同比增长12.8%。其中，历史文化类景区接待人数增长10.8%，城市公园型景区接待人数下降1.3%，现代娱乐型景区接待人数增长0.6%，自然山水型景区接待人数增长22.8%。截至10月8日，上述景区共接待1360万人次，营业收入4.6亿元。

表5-1 2017年国庆部分省市旅游市场情况

省（区、市）	旅游人次（万人次）	同比增速	旅游收入（亿元）	同比增长
山东	7065.50	14.00%	559.60	16.10%
江西	6087.21	13.56%	368.56	25.97%
湖南	6147.32	22.71%	348.64	29.46%
贵州	4614.54	42.10%	305.27	43.52%
陕西	5636.82	7.40%	296.00	11.64%
辽宁	4544.00	9.30%	259.40	9.70%
吉林	1558.14	31.94%	103.61	37.36%
内蒙古	1062.18	24.49%	83.33	38.30%
宁夏	289.31	19.47%	21.14	23.75%

2017年双节期间，自驾游异军突起，全国自驾游（跨市）游客达到3213万人次。除游客数量庞大外，双节期间自驾游客平均出游时长达54.44小时，平均出游距离达234.87公里。广东省以出行329万人次成为全国自驾出游最大省份，江苏省315万人次、四川省233万人次、山东省176万人次以及河南省156万人次分别位列出游总人次排名的二到五名。乡村旅游深度体验趋势明显是第二大特点。2017年双节期间，全国出游超过10公里并6小时（不含工作等非旅游动机）的乡村旅游人次约为2.16亿人次。全国乡村游平均出游距离147公里，约为"五一"小长假出行距离的2倍。全国乡村旅游游客平均出游时间

达两天以上，约 55.8 小时，过夜比例达 63.46%，48 小时以上游客达 34.39%。

2018 年春节假日 7 天，全国假日旅游消费需求增势明显，旅游活动丰富多彩，综合收入持续增加。根据国家旅游局数据中心综合测算，2018 年春节期间，全国共接待游客 3.86 亿人次，同比增长 12.1%；实现旅游收入 4750 亿元，同比增长 12.6%。广东、四川、湖南、江苏、河南、安徽、山东、广西、湖北、浙江等省（区）接待游客人数居前十位。宁夏回族自治区乡村过年火爆。假日期间全区星级农家乐共接待游客 9.2 万人次，同比增长 28.1%。云南各地旅游市场火爆。2 月 21 日当天，全省共接待游客 519.69 万人次，同比增长 27.1%；实现旅游收入 32.6 亿元，同比增长 21.6%。吉林全省接待游客总人数 1262.84 万人次，同比增长 18.26%；实现旅游总收入 119.4 亿元，同比增长 23.11%。广东省纳入统计的 111 家重点景区共接待游客 1363.7 万人次，同比增长 11.2%；收入 12.97 亿元，同比增长 10.2%。贵州省打造温泉康养旅游产品，全省纳入重点监测的 33 个温泉景区春节期间累计接待游客 36.18 万人次，实现旅游综合收入 1.7 亿元，同比分别增长 29.28% 和 39.26%。

二、假日旅游目的地选择多元化、出行方式多样化

总体来看，我国假日旅游目的地的选择差异较大，出行方式和休闲方式都呈现出多样化特点。其中，3 天假期的旅游市场主要以近郊游为主，而 7 天长假的旅游空间则大幅提升，中远距离比例显著提升。另外，冬季期间的元旦、春节假日，旅游者偏向去南部避寒旅游和北部冰雪旅游。夏季则偏向去东部滨海旅游。具体每个假日旅游特点如下：

（一）3 天小长假休闲旅游方式多样化

1. 元旦假期乡村游、近郊游受到热捧

2017 年元旦假日期间，游客出行仍以中短线旅游为主，其中短线游客 1.12 亿人次，中长线游客 0.07 亿人次，休闲游、乡村游、近郊游受到热捧。假日期间，在旅游供给侧改革要求下，各地按照全域旅游理念，不断丰富假日旅游产品供给，为广大游客出游提供更多选择和保障。一是推出丰富的假日旅游产品。冰雪旅游表现抢眼。湖北省神农架景区在四大滑雪场举办冰雪活动，元旦首日共接待游客 1.7 万人次，同比增长 20%。乡村游成主角。山东省积极发展乡村旅游，农家乐跨年活动深受城市游客的喜爱，全省各地近郊乡村游接待游客同

比增长10%。二是举办丰富多彩的旅游活动。湖北省武汉市清凉寨景区举办"杀年猪，打糍粑"民俗活动，各种丰富有趣的节庆活动陪游客过节。江苏省泰州市举办"吉祥灯会"，展现吉祥文化，推出祈福、街头老手艺展示、特色小吃品尝等活动，吸引众多游客。三是提供更加完善的旅游公共服务。北京市推出首条旅游公交线路，形成景点基础公交、旅游公交、个性化定制旅游三个层次的旅游出行服务体系。此外，越来越多的游客选择拼假出游，用带薪年假和元旦假期拼为一个长假，使得国人有了更多的出游选择。元旦首日，三亚市进出港旅客10.3万人次，同比增长7.7%。同时，不少南方地区游客选择"北上"，在全国最受欢迎的五大热门旅游目的地中，冰雪旅游目的地占据两席，分别为哈尔滨和亚布力。

2. 清明假日家庭游、休闲游成为游客首选

2017年清明假日期间，以亲情为主题的家庭游备受游客青睐，举家出游、近郊游、赏花游成为清明节旅游市场的一个明显特点。假日期间，各地积极推动并引导旅游行业打造旅游新产品和新线路，组织丰富多彩的旅游活动，以满足广大游客日益增长的旅游需求。河南省为游客提供了一场生态旅游盛宴，以踏青、赏花、采摘、吃农家菜为主要内容的乡村休闲游受到游客青睐，成为旅游市场的一大亮点。贵州省以"山地公园省·多彩贵州风"品牌为抓手积极打造旅游新产品，开展了丰富多彩的以赏花和温泉为主题的旅游活动。湖南省结合开展党的群众路线教育实践，大力推进红色旅游，湘潭市各红色景区开展"我们的节日"系列群众性祭扫，南岳衡山推出祭拜忠烈祠免费申领南岳门票活动，假日期间处处可见人们缅怀、祭奠革命先烈的场景。长线方面，以观光为目的的出游向休闲游、品质游转变，三亚、杭州、厦门、成都等具有休闲特质的目的地城市成为游客选择的热门。从出游方式看，短途游客以自驾游为主，不少长线游客也热衷于落地自驾。几大租车平台统计数据显示，清明期间的租车出行人次较去年同期有快速增长。随着带薪休假制度的逐步落实，不少职工选择将4月5日、6日、7日三天安排为带薪假期，与清明节的三天假期及4月8日、9日的周末假期组成长达八天的长假期出游，带动出境旅游增长。网络大数据显示，上海、北京、南京、深圳、天津、苏州、广州、杭州、成都、武汉等是主要出境客源地，泰国、印度尼西亚、法国、新加坡、意大利、越南、美国、瑞士、马来西亚则是主要的出境游目的地国家。出境旅游中，短线海岛旅游占比较高，普吉岛、巴厘岛、马尔代夫、苏梅岛、长滩岛、塞班岛、沙巴、

冲绳、毛里求斯、夏威夷等最受游客欢迎。

3."五一"假期产品供给呈现全域旅游发展趋势

2017年"五一"假期，各地旅游从景点旅游模式走向全域旅游模式转变态势明显。以往景区型产品逐渐被多样化的目的地产品所取代，园区型产品异军突起，各种新业态产品全面开花，乡村旅游、城市周边游、古城古镇游等产品持续火爆。假日期间，各地的度假区、博物馆、动物园、植物园人流如织，各种实景演出座无虚席，旅游产品供给的极大丰富，恰恰对接了人们广泛多元的旅游需求，释放了巨大消费潜力。传统旅游城市迎来大量游客的同时，作为国内旅游的主战场，乡村旅游大放异彩，各地美丽乡村、特色小镇、文化街区也都成为游客聚集地。自驾游产品持续火爆。"五一"期间，城市周边游、乡村游依旧成为游客首选，热门旅游活动项目赏花、采摘、游园等备受青睐。

4.端午假期休闲游、民俗游、出境游成为热点

2017年端午期间，旅游市场呈现以下几大特点：

一是特色旅游小镇、城市休闲街区受青睐，凸显全域旅游格局。江苏省无锡市灵山禅意风情小镇，连云港市连岛海滨风情小镇，宿迁市三台山衲田花海风情小镇，淮安市蒋坝河工风情小镇、岔河品稻风情小镇，泰州市溱潼会船风情小镇，张家港市永联江南田园风情小镇以美食、美景、休闲为主题，为游客准备了丰富的假日体验，吸引大量游客前往。与此同时，北京南锣鼓巷、前门大街，上海新天地，福建福州三坊七巷，四川成都宽窄巷子，天津五大道，江苏南京1912、苏州平江街区，广西桂林阳朔西街，海南海口骑楼老街、观澜湖冯小刚电影公社等涵盖了城市生长历史、城市街巷肌理、居民生活方式的特色街区也成为端午假期游客出游的热点。

二是民俗、科技、丝路文化游等火热，"旅游+"势不可当。"旅游+民俗"火爆，以祭祀屈原、赛龙舟、品粽子等为主题的民俗游、古镇游、祈福游主题产品走俏。甘肃省推出了"敦煌·登高滑沙游""兰州·都市休闲购物游""永靖·家庭亲子游""天水·寻根访祖游""庆阳·香包民俗文化游""陇南·乡村田园游"六大特色旅游产品，受到广大群众欢迎。"旅游+文化"融合发展，大力打造出一批全新的旅游业态。电视剧《白鹿原》的热播，使得陕西省白鹿原影视城、白鹿仓等景区持续火爆，彰显了"旅游+文化"的强大魅力，假日期间，白鹿原影视城接待游客16.27万人次，白鹿仓景区接待游客44.5万人次。丝路旅游备受游客青睐，越来越多的游客选择沿丝绸之路一路向西。兰州铁路

局开通的"文化圣殿·敦煌号"丝路快车,推出"私人定制",优化完善"列车＋影院"服务设施,推出"骆小明乐园"影视大片播放、"裕固族风情展馆"等服务,备受游客青睐。假日期间,预计发送旅客56.5万人,日均发送14.1万人。

三是借助带薪假期实现"拼假"出行,赴欧旅游迅速升温。出境游方面,根据出入境团队系统显示,假日期间出境游客总人数271万人次,同比增长7.2%。不少群众利用带薪假期,将5月31日、6月1日、6月2日三天与端午节及周末两天休息日拼成8天长假期出行。从目的地看,远程目的地受到欢迎,俄罗斯、泰国、意大利、越南、法国、马来西亚、德国排名靠前,赴欧洲旅游进入旺季,游客量迅速增长。从客源地看,排名前十的出境客源地为:北京、浙江、上海、四川、黑龙江、广东、天津、江苏、辽宁、河南。其中北京、黑龙江、天津、辽宁等北方省(市)增幅较大,而南方地区则较为稳定。

(二)七天长假旅游呈现新特征

1. 假日旅游市场火爆,旅游过年渐成时尚

春节期间,假日市场持续增长,全域旅游如火如荼。传统景区景点延续火热的同时,乡村民宿、休闲街区、特色小镇等全域旅游新产品、新业态备受青睐,自驾游、乡村游、都市游、冰雪游高速增长。旅游市场整体活跃,自驾车出游比例接近50%,成为中国家庭出游的主要方式。以迎新纳福为主题的名胜祈福游和以体验年俗为主题的乡村民俗游成为众多游客的选择。宁夏回族自治区乡村过年火爆。假日期间全区星级农家乐共接待游客9.2万人次,同比增长28.1%。长线游方面,今年春节来迟,南北方温差明显,季节性旅游主题更加突出。不少游客利用春节假期,携家人到北方赏雪玩雪,到南方感受春意,追求更有特色的过年体验。东北、华北地区等多地滑雪场游客接待量同比增长超过10%。河北省张家口崇礼区太舞滑雪场特邀奥地利蒂罗尔铜管乐团现场演出,银河滑雪场"万福墙祈福"活动和张北县塞纳都冰雪世界都吸引了大量游人。2月20日,万龙滑雪场单日接待游客达2.38万人次。随着居民旅游意识的加强,对旅游产品品质的要求进一步提升,度假游取代观光游,成为广大游客的热衷选择。

2. 国庆、中秋构成超长假期,公众出游热情空前高涨

假日期间,大众旅游需求旺盛,全域旅游如火如荼,各地旅游接待人次、实现旅游收入较去年同期均有增长。旅游市场呈现以下特点:

一是个性需求拉动消费，旅游休闲注重品质。旅游消费结构朝着个性化、品质化的方向升级。从观光到休闲、从景点到全域，游客需求更多样、眼光更挑剔。注重体验和休闲的体育健身游、科技游、康养游、美食游以及乡村农事活动等，受到越来越多游客的青睐。精品景区、民宿旅游扮靓乡村旅游，辽宁省盘锦红海滩旅游廊道接待游客超过35万人，门票收入2400万元，景区周边农家乐入住率在95%以上。浙江省盐官旅游度假区观潮游受到热捧，10月7日当天前往观看"一线潮"的游客达12.5万人次。杭州西湖客流量与往年相比保持平稳，甚至略有下降，而周边县市游客量上涨明显，表明游客开始注重旅游品质，选择到非热门旅游目的地错峰旅游。贵州省新兴主题景区成为假日旅游新增长点，都匀秦汉影视城基地接待游客25万人次，丹寨万达小镇接待26.4万人次。

二是快旅慢游渐成主流，阖家出游成为潮流。随着高铁和高速公路网的完善，自驾游取代团队游成为主流，告别了"走马观花"旅游时代，快旅慢游正在成为新的旅游方式。假期到湖南省长沙、韶山、张家界等地旅游的外省游客比例占6成以上，仅长沙南站为旅行社预订的高铁团队票就超过3万张。广州南站前往热门景点方向的游客占65%，京广、沪昆、夏深、海南环岛等高铁沿线景区所在车站客流火爆。安徽省重点旅游景区、乡村旅游点自驾游比例达到70%以上，省内各高速公路车辆川流不息，黄山、九华山、天柱山、芜湖方特等重点旅游景区停车场火爆，临时停车场投入使用。携程网大数据显示，假日出游人群中，亲子游客预计占总人数比重为32%，家庭游客预计占总人数比重为42%。

三、2017年假日旅游市场特点鲜明

（一）休闲游、品质游是最主要的旅游方式

调查显示，度假休闲超越景点观光成为居民春节假日出游的第一动机。选择度假休闲的游客占到50.5%，选择观光的游客占48.9%，温泉、养生游等康养休闲游最受游客关注。此外，以发现和探索为出游动机的游客占比达到36%，表明越来越多的游客更加追求旅游品质。

（二）旅游新产品、新业态备受关注

伴随着各地政府大力推动旅游产业融合发展，一大批文化旅游、体育旅游、

康养旅游、工业旅游、科技旅游等新产品被投放到了春节的假日市场，以满足游客个性化、多样化的旅游需求。各地纷纷以大众旅游需求为导向，找准瓶颈和短板，精心谋划，改革创新，引导传统假日观光游向体验游、休闲游转变，各地呈现出浓浓的节日风情。红色旅游、民俗旅游、乡村旅游主题活动丰富多彩，以"旅游+"融合发展方式打造的旅游小镇、旅游度假区、旅游综合体、特色旅游产品等成为假日亮点。

（三）周边游、短途自驾游渐成潮流

2017年是周边游市场快速发展的一年，以观光、休闲、度假为主的周边游发展迅速。选择国内周边游的出游人次同比增长两成。25~40岁群体成为出游主力军，占比达71%。周边游最高峰出现在春节、清明等国家法定节假日前后以及暑期8月。以酒店为中心的轻奢品质度假产品成为全年周边游"爆款"。除了主题乐园酒店、温泉酒店、国际酒店品牌以外，房车营地、特色民宿也成为游客热衷的出游之选。随着国内高铁网络的完善，旅游半径缩短，高铁出游比例占到了20%左右。杭州、苏州、上海、成都、广州、北京、武汉、常州、珠海、无锡成为国内周边游十大热门目的地。

据国家旅游局相关数据显示，仅2017年上半年全国自驾游游客便已突破2亿人次。2017年的国庆节与中秋节不期而遇，寓意团圆的中秋节恰好位于假期中间，导致今年国庆租车需求呈现"双高峰"。2017年国庆期间自驾游消费增速最明显的五大城市为：重庆（新一线）、贵阳、兰州、呼市、福州，不难看出这五大城市皆处在"一带一路"的核心区域或沿线区域，"一带一路"带来的经济、基建等各方面的增长，为自驾游带来了直观的便利和直接的推动作用。

（四）家庭游、亲子游占据主流是，假日旅游的重要方式

例如2017端午节临近儿童节，提前为孩子过节成为家长出行的主要动力，游乐设施齐备、路程时间较短，可以玩沙、玩水的旅游景点受到青睐，海洋公园、动物园、主题乐园预订火爆，游客一路欢声笑语，收获更多幸福体验。

吉林省主要旅游景区和乡村旅游聚集区等到处可见家长、孩子"集体出游"，延吉梦都美民俗旅游度假村举行"亲子游乐嘉年华暨梦都美水上乐园开园一周年庆典"，水乐园年庆仪式、秘密任务——景区内寻宝、民俗美食比赛等形式多样的活动吸引了大批游客参与。宁夏中卫沙坡头景区举办系红领巾大赛、亲子欢乐总动员沙漠寻宝、沙漠迪士尼模仿秀等活动，西部影城小动物艺术节震撼登场，让小朋友走进欢乐的海洋。

（五）自助远游、深度体验成为出境游客的一大特征

2017年节假日出境旅游市场基本保持稳定，团队游客比例持续下降，自助游客比例持续上升，短线游比例下降，长线游比例上升，部分游客利用带薪年休假拼假出行，越来越多的出境游客不再热衷于"买买买"的购物游，而是追求深度体验。

调查显示，部分游客利用带薪年休假组成更长的假期拼假远行，在一定程度上刺激了长线旅游的增长。国人海外消费日趋理性，出境游中动辄大手笔消费的"买买买"日益减少。法国官方数据显示，赴法旅游的中国游客中，传统团队游逐渐减少，自由行迅猛增长，比例已达43%，游客更愿意追求个性化的旅行体验，希望深度了解法国的历史文化，短期的"乡村小镇游""博物馆主题游"等自由行产品深受欢迎。同样的旅行方式变化在美国也格外明显，参观大学、看篮球比赛、观看文艺演出等成为热门选择。

四、假日旅游公共服务不断升级，游客满意度不断提升

面对大众旅游时代的假日旅游管理，国家旅游局和各地以全域旅游理念，提升公共服务水平，让游客安心、开心、舒心，玩出更多幸福感。

（一）全域旅游背景下旅游产品呈现多元化

2017年假日期间，各地以大众旅游需求为导向，找准瓶颈和短板，精心谋划，改革创新，引导传统假日观光游向体验游、休闲游转变，呈现出浓浓的节日风情。红色旅游、民俗旅游、乡村旅游主题活动丰富多彩，以"旅游+"融合发展方式打造的旅游小镇、旅游度假区、旅游综合体、特色旅游产品等成为假日亮点。

（二）"厕所革命"引领旅游公共服务全面提升

各地在旅游基础设施和公共服务上狠下功夫，大力推进"厕所革命"，着力解决游程中"找厕难，如厕难"等问题，提升了游客舒适度和满意度。山东省蓬莱阁景区建成第三卫生间并投入使用，让携带老人和孩子出行的家庭游客出行不再尴尬。湖北省三峡大瀑布景区建成多个第三卫生间，设施齐全，一尘不染，深受广大游客好评。广西南宁青秀山景区建设了近30座特色各异的主题旅游厕所，其中大部分厕所都建设了第三卫生间，从根本上解决了游客的如厕问题，一些厕所还成为景区内的另类风景，不时吸引游客在厕所前拍照留念。

（三）节前假日旅游指南引导游客有序出行

假日前，国家旅游局发布多个《节假日旅游指南》，各地积极发布提示、提醒信息，引导游客合理安排路线，安全、文明出行。例如2017年端午节期间重庆市旅游局节前向市内外50余家媒体发布了十条端午精品旅游线路，节中根据区县活动安排组织媒体采访报道，利用报纸、广播、电视、网络、微博、微信等媒体渠道推送旅游产品和服务信息，涵盖各个景区，包含天气、交通、住宿、活动、赛事等多种旅游元素，方便游客出行。

（四）旅游市场综合监管使假日市场秩序井然

各地政府积极作为，多部门密切配合，开展市场秩序综合检查，净化市场环境，旅游综合整治效果显现，游客投诉下降明显，假日市场秩序井然。2017年端午节期间北京市相关部门及各区共出动执法人员6917人次，车辆1550台次，检查旅游车138辆，检查导游61人次，检查旅行社、景区、商店等各类旅游经营企业1881家，清理无照经营行为328起，查处非法招揽人员9人、散发小广告24人，暂扣小商品505件，查扣黑旅游车辆5辆，没收小广告1965张。

（五）安全检查和应急值守有效避免重特大涉旅安全事件发生

各级旅游主管部门统筹推进旅游安全监管、旅游安全风险提示、宣传教育培训、旅游应急管理等各项工作，确保假日旅游安全平稳运行，假日期间，全国旅游市场运行平稳，无重特大安全事件发生。海南省海口市专门成立端午节安保指挥部，提前制订安全保障方案，假日期间，每天在各个主要景区投入公安警力近2000人，特别是对假日海滩、白沙门公园和南渡江水域等"洗龙水"重点区域着重开展巡查工作，保障游客安全。